KB156881

하얀 폭력
검은 저항

THEY CALLED THEMSELVES THE K. K. K.
by Susan Campbell Bartoletti

Copyright © 2010 by Susan Campbell Bartoletti
All rights reserved.
This Korean edition was published by Dolbegae Publishers in 2016
by arrangement with Susan Campbell Bartoletti c/o Curtis Brown Ltd.
through KCC(Korea Copyright Center Inc.), Seoul.

이 책은 (주)한국저작권센터(KCC)를 통한 저작권자와의 독점계약으로 돌베개에서 출간되었습니다.
저작권법에 의해 한국 내에서 보호를 받는 저작물이므로 무단전재와 복제를 금합니다.

생각하는돌 16

하얀 폭력 검은 저항
KKK의 탄생과 흑인 민권 이야기

수전 캠벨 바톨레티 지음 | 김충선 옮김 | 오찬호 해제

2016년 7월 18일 초판 1쇄 발행
2018년 1월 29일 초판 2쇄 발행

펴낸이 한철희 | 펴낸곳 돌베개 | 등록 1979년 8월 25일 제406-2003-000018호
주소 (10881) 경기도 파주시 회동길 77-20 (문발동)
전화 (031) 955-5020 | 팩스 (031) 955-5050
홈페이지 www.dolbegae.co.kr | 전자우편 book@dolbegae.co.kr
블로그 imdol79.blog.me | 트위터 @Dolbegae79 | 페이스북 /dolbegae

주간 김수한
책임편집 우진영·권영민
표지디자인 박진범 | 본문디자인 이은정·이연경·김동신
마케팅 심찬식·고운성·조원형 | 제작·관리 윤국중·이수민
인쇄·제본 상지사 P&B

ISBN 978-89-7199-734-5 (44940)
ISBN 978-89-7199-452-8 (세트)

책값은 뒤표지에 있습니다.

이 도서의 국립중앙도서관 출판시도서목록(CIP)은 서지정보유통지원시스템 홈페이지
(http://seoji.nl.go.kr)와 국가자료공동목록시스템(http://www.nl.go.kr/kolisnet)에서
이용하실 수 있습니다.(CIP제어번호: CIP2016015985)

하얀 폭력
검은 저항

KKK의 탄생과 흑인 민권 이야기

수전 캠벨 바톨레티 지음 · 김충선 옮김 · 오찬호 해제

돌베개

"비밀의 장막 속에 스스로 봄을 숨긴 채 폭력을 행하는 방식은 인류 역사만큼이나 오래 사용되어 왔다. 인두겁을 쓰고 차마 백주에 공개적으로 행하기 두렵거나 부끄러운 행동을 그들은 가면을 쓴 채 밤을 도와 은밀하게 행한다. 이런 행태는 일면 유리한 점이 있다. **두려움**을 이용해서 **두려움**을 몰아내며, 공개적으로라면 머뭇거릴 수밖에 없는 행위를 감행하도록 만들고, 계층이 높든 낮든 처벌받지 않고 공격할 수도 있다. 망설임 없이 분노를 터뜨려 무고한 사람을 불구로 만들거나 살해한다. 패거리 심리로 스스로를 방어하며 어둠의 휘장을 던져 가리면, 이내 그것이 매력이 된다. 이런 방법이 아니었다면 가서 닿지도 못했을 사람들의 마음을 빼앗는다. 그렇게 군중을 이용한다."

— W. E. B. 두보이스, 1935년

차 례

독자에게

이 책에서 여러분은 미국 남북전쟁 이후, '재건 시대'*라고 알려진 역사의 한 시대를 살았던 여러 사람들을 만나게 될 것입니다. 이 사람들의 출신 배경은 매우 다양합니다. 독자 여러분은 의회 증언, 면담 보고서, 역사 학술지, 일기, 신문 등을 포함해 여러 다양한 사료 속에 담긴 쿠 클럭스 클랜Ku Klux Klan 단원들과 그 희생자들에 관한 이야기를 읽게 될 것입니다.

저는 가능하다면 과거에 속한 사람들이 스스로의 목소리로 이야기를 들려줄 수 있도록 최대한 노력했습니다. 이들 중 일부는 다소 상스러운 언어를 사용합니다. 무례한 표현을 책으로 남기는 게 마음 편치는 않았지만, 그래도 이러저러한 역사적인 진술을 검열하려는 시도는 하지 않았습니다.

이 책에는 『하퍼스 위클리』*Harper's Weekly*나 『프랭크 레슬리스 일러스트레이티드 뉴스페이퍼』*Frank Leslie's Illustrated Newspaper* 등으로 대

---

* 1863년 노예해방선언 또는 1865년 남북전쟁 종전 시점부터 1877년까지를 이른다.

표되는 화보 신문 또는 여러 자료에서 찾아낸 그림이나 사진이 다수 포함되어 있습니다. 이런 그림은 당대 사람들과 사건을 묘사하고, 시대적 관점을 엿볼 수 있도록 도와줍니다. 그중 일부는 풍자하거나 희화해 묘사했고 인종차별이 드러나기도 합니다. 이런 그림들로 인해 불쾌감을 느끼거나 마음에 상처를 받는다면 진심으로 송구하지만, 그럼에도 역시 검열하지 않는 편을 택했습니다.

더불어 남북전쟁이 끝나고 70년 이상 지난 뒤 면담했던 옛 노예들을 만나게 될 것입니다. 이렇게 확보한 증언은 모두 '노예 진술'이라고 통칭하기로 했습니다. 그들 대부분은 남북전쟁이 막을 내릴 당시 어린아이였거나 십대 혹은 이십대 초반의 청소년이었으며, 1930년대 말 정부가 파견한 조사 담당자들과 면담할 당시에는 팔십대부터 구십대에 이르는 노인들이었습니다.

당시 정부가 파견한 조사 담당자들은 대부분 백인이었지만, 면담 대상자의 말투를 고스란히 반영해서 받아쓰거나 기록하라는 지시를 받았습니다. 때문에 일부 사투리는 이해하기 어려울 수도 있습니다. 그렇다고 해도 저는 면담 기록을 수정하거나 사투리를 표준 영어로 바꾸어 표기하지는 않기로 결정했습니다.**

** 그러나 원문에서 사용된 비문이나 사투리, 철자법에 맞지 않는 단어를 한국어 비문이나 특정 사투리로 옮길 경우 오히려 몰입을 방해할 수 있다고 판단하여 가능한 한 자연스럽게 옮기려고 했다.

1장

"그들이 내 것이 아니라면
누구 것인가요?"

벌써 4년 전에 시작된 남북전쟁이 끝날 줄 모르고 계속되던 1865년, 반가운 봄비가 메마른 대지를 적시던 어느 날, 아칸소 주 캠던에 소재한 윌리엄스 대농장의 일꾼들에게는 저마다 해치워야 할 일거리가 산더미처럼 쌓여 있었다.

들에서 일하는 노예들은 시든 목화 줄기를 쳐내 그해 새로 씨앗을 심을 공간을 마련하고 있었다. 쟁기꾼들은 노새를 몰아 밭을 갈고 고랑을 내느라 여념이 없었다. 그들이 갈아엎은 끝없이 긴 고랑을 따라 기름진 검은 흙이 드러났다. 그러면 다른 노예들이 쟁기꾼들을 따라가며 고랑에 씨를 뿌리고 거름을 준 뒤 목화 둔덕을 만들어 갔다.

대저택 주변에서는 노예 아이들이 옹기종기 모여 잡초를 뽑아내거나 새싹을 망치는 벌레를 잡고 있었다. 어린 푸성귀를 거두거나, 여름에 잘 자라는 씨앗을 심을 젖은 흙을 준비하며 채마밭에서 허리

'부상하는 세대'라는 제목을 붙인 이 그림에서 어린아이들이
상류, 중류, 하류로 이루어진 남부 사회의 경제 계급을 묘사한
울타리의 가로장을 딛고 오르려 애쓰고 있다.
- 앨비언 위니거 투르제, 『보이지 않는 제국』

도 펴지 못한 채 일손을 도와야 했다.

　일거리는 대저택 안에도 쌓여 있었다. 가내 노예였던 열네 살 소녀 미티 윌리엄스는 미스 엘리자를 돌보는 일을 맡고 있었다. 옛 주인님이(미국 남부에서는 사람의 연륜을 존경하는 표시로 '옛'old이라는 표현을 쓴다.) 세상을 떠난 뒤로 미티는 중년의 미스 엘리자를 하루 종일 따르는 몸종이 되었다. "마님은 혼자 남겨지는 것이 겁났어요." 72년이 지난 후 미티는 당시의 상황을 이렇게 회상했다.

　미스 엘리자가 이렇게 두려움에 떠는 데는 그만한 이유가 있었다. 당시 대부분의 남부 백인들처럼 미스 엘리자 역시 남부 연합*이 와해되고 있고 양키**들이 남부 전역을 휩쓸고 있는 현실을 익히 알고 있었다. 양키 병사들이 집 안까지 쳐들어와 함부로 헤집고, 총이나 은제, 귀중품 같은 것을 찾아내려고 매트리스와 침구를 발겨 북새질을 쳐 놓는 바람에 깃털이 방 안 가득 날린다는 아연실색할 소문이 이 농장에서 저 농장으로 전해지던 터였다. 양키 병사들이 떼 지어 들녘을 휩쓸고 다니면서 말이며 돼지, 닭, 당밀, 밀가루를 마구잡이로 훔쳐 가는 바람에 먹을 만한 것이 하나도 남지 않는다고 했다. 거리마다 돼지와 소의 사체가 즐비하다고 했다. 미스 엘리자를 비롯한

＊　정식 명칭은 아메리카 연합국(Confederate States of America). 1860년 링컨이 대통령에 당선되자 연달아 연방(Union)에서 탈퇴한 11개 노예주가 1861년에 새롭게 세운 정부. 남북전쟁은 미합중국(일명 '주들의 연방')으로부터 분리를 선언한 아메리카 연합국, 그리고 이를 반란으로 규정하고 합중국을 유지하려 했던 연방(23개 주) 사이에 일어난 내전이다.
＊＊　'양키'(Yankee)의 어원에 관해서는 주장이 분분하다. 다만 분명한 것은 미국독립전쟁 당시 영국인들이 뉴잉글랜드 지역 사람들을 촌뜨기라며 경멸하는 말로 사용되다가, 남북전쟁 당시에는 남군이 노예제도를 반대하는 북부 주 또는 북군을 조롱하는 표현으로 사용되었다.

『프랭크 레슬리스 일러스트레이티드 뉴스페이퍼』의 전쟁 화가가 먹을 것을 찾아 남부 농장을 약탈하는 양키 병사들의 모습을 묘사한 삽화 - 미국 의회 도서관

남부 백인들에게 있어 양키는 남부를 결딴내고 반란민을 굶겨 죽이기로 작정한, 자신들이 이룬 가산을 거덜 내고 그들을 파산시켜 곤궁하게 만들려는 '푸른* 악마'와 같았다.

　　미티와 같은 가내 노예들은 그들의 주인과 다른 백인 손님들이 나누는 정치에 관한 대화나 남북전쟁의 전황에 관한 이야기를 들을 기회가 많았다. 노예들이 '자유 전쟁'이라 불렀던 남북전쟁에 관한 새로운 소식은 아무리 사소한 것이라 해도 '포도 덩굴 전보'**를 타고 입에서 입으로 빠르게 전달되었다. 각종 뉴스와 풍문, 소문이 이 노예에게서 저 노예에게로, 이 농장에서 저 농장으로 사방팔방, 알음알음 전해지고 있었던 것이다.

뜬소문이라고는 하지만 일말의 사실이 없지는 않았다. 실상 노예들 상당수가 2년 전인 1863년 1월 1일을 기해 링컨 대통령이 서명한 '노예해방선언'에 대해서 잘 알고 있었던 것도 바로 이 '포도 덩굴 전보' 덕분이었다. 노예해방선언은 연방에서 탈퇴해 반란 상태에 있던 11개 주와 그 속령에 살고 있는 모든 노예들의 해방을 규정하고 있었다. 2년 후인 1865년 1월에는 전쟁에서 북군의 승리가 거의 확실해지자, 의회가 미국 전역에서 노예제도 폐지를 규정하는 수정헌법*** 제13조를 통과시켰고, 적절한 입법 절차를 통해 본 수정헌법 조항을 집행할 수 있는 권한을 의회에 부여했다.(그러나 의회가 수정헌

---

* 남북전쟁 당시 북군의 군복은 푸른색, 남군의 군복은 회색이었다.
** 곧게 뻗은 전신줄과는 대조적으로 포도 덩굴처럼 구부러지고 왜곡되어 전해지는 풍문
*** 우리나라에서 법을 개정할 때 하나 또는 수 개의 조항을 고쳐 새로운 헌법전을 만드는 것과 달리, 미국은 기존의 헌법전은 그대로 두되 새로운 조항을 추가하는 방식으로 헌법을 개정한다. 이렇게 추가된 헌법 조항을 수정헌법이라 부르는데, 특히 남북전쟁 직후에 채택된 수정헌법 제13조, 제14조, 제15조를 묶어 '재건 시대 수정헌법'이라고 한다. 구체적인 내용은 다음과 같다.
• 수정헌법 제13조 제1항: 미합중국과 그 통치권하 지역에서 노예제도, 그리고 정식으로 기소되어 판결로서 확정된 형벌이 아닌 한 강제 노역은 존재할 수 없다.
• 수정헌법 제14조 제1항: 미합중국에서 태어나거나, 귀화하여 그 통치권의 대상이 되는 모든 사람은 미합중국의 시민이자 거주하는 주의 시민이다. 어떤 주도 미국 시민의 특권 또는 면책 권한을 제한하는 법을 제정하거나 집행할 수 없다. 또한 어떤 주도 적법절차에 의하지 아니하고는 개인의 생명, 자유 또는 재산을 빼앗을 수 없으며, 그 통치권 내에 있는 사람에 대한 법의 평등한 보호를 거부하지 못한다.
• 수정헌법 제15조 제1항: 미합중국과 각 주는 인종, 피부색 또는 과거의 예속 상태를 이유로, 미합중국 시민의 투표권을 부정하거나 제한할 수 없다.

"내 평생, 이 문서에 서명한 때보다 옳은 일을 행한다는 확신이 더 강하게 든 적은 없다."라고 링컨은 노예해방선언에 대해서 말했다. "내 이름이 혹시라도 역사에 남게 된다면 그것은 이 문서에 서명한 덕분일 것이다. 내 온 영혼이 이 안에 담겨 있다." 그러나 연방의 편에 섰던 경계 주의 노예들은 노예해방선언의 대상에서 제외되었다. - 미국 의회 도서관

흑인 북군 병사들이 노스캐롤라이나 주의 한 농장에서 노예를 해방시키며 감격에 겨워하는 모습. -『하퍼스 위클리』, 1864년 1월 23일; 미국 의회 도서관

법 제13조를 비준하여 정식으로 채택하기까지 다시 1년 가까운 세월이 흘러야 했다.)

그리고 연방군이 수정헌법 제13조를 집행했다. 미티는 양키들이 마치 해방군처럼, 노예들에게 이제 자유라고, 다른 백인들과 똑같은 자유인이라고 외치며 남부 전역을 행진하고 있다는 소문을 들어서 알고 있었을 가능성이 높다. 당시 북부의 백인 대다수가 인종 평등에 대해서 호의적이지는 않았지만, 노예해방에 관한 한 대부분이 지지하고 있었다. 그 이유에 대해서 일리노이 주 출신의 한 북군 병사는 그의 부모님 앞으로 쓴 편지에서 이렇게 밝히고 있다. "반란군을 진압하는 데 있어 노예제도는 걸림돌이 될 뿐입니다." 노예들을 해방시키고 대농장을 거덜 내는 방식으로, 북군은 남부의 농업경제를 파괴하고 반란군을 그들의 고향에서 무릎 꿇리려는 전면전을 감행하고 있었다.

전쟁 막바지에 남부 연합의 지도자들은 남부가 이대로 패전한다면 노예들이 옛 주인과 다른 백인들을 지배하는 뒤집힌 세상이 도래할 것이라고 남부 백인들에게 경고했다. 이런 헛소문은 남부인들을 극도의 공포 상태로 몰아넣고 양키에 대한 증오심을 부추기기 위해 지어낸 이야기에 불과했지만, 남부 백인들 다수가 그런 일이 실제로 일어날 수도 있다고 믿고 있었다.

한편, 어떤 소문에는 절반의 진실만이 담겨 있기도 했다. 이를테면 노예들이 얻어들은 소문 중에는 북군이 전쟁에서 승리하면 연방정부가 곧바로 옛 노예 소유주들의 땅을 쪼개어 흑인 가구당 40에이커씩, 노새와 함께 분배하리라는 이야기가 있었다. 미티는 당시를 이렇게 회상했다. "그런 얘기들이 있었죠. 노예들이 스스로 집안을 세울 수 있도록 땅과 노새를 받게 될 거라는."

실제로 정부는 몰수한 토지를 최대 40에이커 크기로 나누어 3년 동안 일부 노예 가정에 빌려주고, 차후에 토지를 매입할 수 있는 가능성까지도 열어 놓은 특별 명령*을 통과시킨 바 있다. 이 소식을 전해들은 남녀 노예들은 소문대로 언젠가 땅을 가질 수 있다면 스스

---

* 1865년 1월에 윌리엄 T. 셔먼 장군이 발령한 '특별야전명령 15호', 일명 '40에이커의 땅과 노새 한 마리'이다. 하지만 링컨에 이어 대통령이 된 앤드루 존슨이 그해 가을 이를 무효화한다.

로 농사지은 곡식을 먹거나 팔 수 있고, 자기 손으로 지은 집에서 살수 있으리라는 기대감에 점차 마음이 부풀었다. 그러나 토지 분배는 좀처럼 시행되지 않았고 급기야 연방 정부는 특별 명령을 철회하기에 이르렀다.

양키가 무척 두렵기는 했지만, 미스 엘리자는 4월의 어느 일요일에 미티와 그의 아버지가 강가로 낚시하러 가는 것을 허락해 주었다. 미티가 강기슭에서 낚싯대를 드리우자마자 멀리서 대포 소리가 쾅쾅쾅 울리기 시작했다.

지축을 울리는 대포 소리가 무엇을 의미하는지, 미티의 아버지는 바로 알아차렸다. "아빠는 튀어 오르듯이 벌떡 일어났고, 낚싯대와 물건들을 팽개친 채 내 손을 낚아채어 나는 듯이 집으로 달려갔어요." 미티는 당시를 이렇게 회상했다. "'이겼다!' 아빠는 계속 이렇게 말했어요. '자유야, 자유. 우린 해방된 거야.'"

승리의 그날은 바로 1865년 4월 9일이었다. 이날 버지니아 주 애퍼매턱스 코트 하우스라는 작은 마을에서 남부 연합군 사령관 로버트 E. 리Robert E. Lee 장군이 연방군의 율리시스 S. 그랜트Ulysses S. Grant 장군에게 항복했다. 리 장군이 항복했다는 소식이 북군 병영 전체로 전달되자, 양키 병사들 사이에서 환호성이 터져 나왔고 여기저기서 축포를 쏘아 남부 연합의 패배를 사방에 알렸다. 그 뒤로 몇 주가 지나기 전에 남은 남부 연합군 장성 모두가 항복했다.

끝이 보이지 않던 전쟁이 마침내 막을 내렸고, 비로소 흑인들은 250년 동안 지속되었던 노예제도라는 속박에서 벗어나는 듯했다.

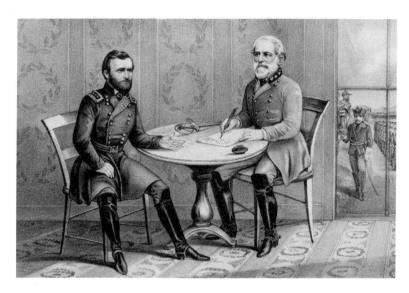

1865년 4월 9일, 남부 연합군의 로버트 E. 리 장군(오른쪽)이 북부 연방군의 율리시스 S. 그랜트 장군(왼쪽)에게 항복하는 장면 - 커리어 앤드 아이브스, 미국 의회 도서관

사실 노예제도는 자유와 평등이라는 미국의 이상과 걸맞지 않았다. 전쟁으로 분열되었던 나라를 다시 하나로 묶는 '재건'이라는 새로운 과제에 직면한 미국은 이제 본래의 신조를 충실히 실천할 또 한 번의 기회를 얻게 되었다.

결코 쉽지 않은 과업이었다. 남부는 물론 북부에서도 인종차별 의식이 백인 사회에 깊숙이 뿌리내려 있었다. 자유가 흑인 미국인들에게 무엇을 의미하는지, 백인 미국인들이 충분히 이해하기까지 그로부터 오랜 세월이 더 필요했다. 무려 250년 동안 백인은 사회 계층의 맨 윗막이에, 흑인은 가장 낮은 아랫막이에 자리하고 있었기 때문이다.

흑인 대다수가 거주하고 있던 남부 지역에서는 특히 더 어려울 수밖에 없는 문제였다. 남부의 시각에서, 흑인은 단순히 백인보다 열등한 인종에 그치지 않고 언제든 돈으로 사고팔 수 있는, 더불어 백인이 부를 얻기 위해 임의로 착취할 수 있는 재산이었다.

백인을 위해 일하고 봉사하는 사명을 위해 하나님이 흑인을 창조했다는 믿음이 남부 백인 사회의 통념이었다. 이들에게 있어 인종평등이라는 관념은 하나님이 세운 계획에 어긋나기 때문에, 생경한 동시에 비도덕적인 주장이었다. "그런 평등은 현실에서 존재하지 않을뿐더러 앞으로도 영원히 존재할 수 없습니다." 1869년 조지아 주의 한 대법원 판사는 이렇게 선언했다. "만물의 하나님은 세상을 그렇게 만들지 않았습니다…… 천국에 있는 가장 크신 대천사로부터 지상의 가장 보잘것없는 미물인 파충류에 이르기까지, 도덕적 차이와 사회적 불평등이 엄연히 현존하며, 앞으로도 영원히 본래의 그 모습 그대로 존재해야만 합니다."*

남부 연합군이 항복한 후에도 남부의 대다수 백인들은 여전히 흑인은 누군가에게 소유되어야 한다는 확신에서 벗어나지 못하고 있

---

* 기독교를 원용해서 노예제도를 합리화하는 주장은 어디까지나 노예제 찬성자들의 논리일 뿐이다. 신 앞에서의 평등을 이야기하는 기독교 교리로부터 차별의 근거를 찾기 위해 노예제도 찬성자들은 흑인을 '만인의 평등' 속 '만인'에 해당하지 않는 존재, 즉 인간에 해당하지 않는 존재로 격하했다. 하지만 같은 기독교인이어도 "하나님이 인간의 피부색을 달리 창조했으므로 인간이 그것을 이유로 차별해서는 안 된다."라고 주장하는 사람들도 있었다. 특히 퀘이커 교도 같은 소수 평화주의 교파는 "남에게 대접을 받고자 하는 대로 너희도 남을 대접하라."라는 마태복음의 황금률을 적용해 같은 인간의 노예화를 반대했으며, 1688년부터 이미 노예제도 폐지를 주장했고, 뒤에 나오는 '지하 철도'처럼 도망 노예들의 피신을 돕는 활동에도 깊이 개입했다.

1865년에 촬영된 이 사진은 완파되어 쑥대밭이 된 가옥을 보여 준다. 당시 조지아 주 서배너의 몇몇 저택이 이렇게 폐허가 되었다. 아마도 북부 연방군의 포격 때문이거나 '바다를 향한 진군'이라고 알려진 셔먼 장군의 악명 높은 초토화 전술 탓이었던 것 같다. - 미국 의회 도서관

었다. "그들이 내 것이 아니라면 누구 것인가요?" 버지니아 주의 어느 백인 여성은 자신의 옛 노예들을 두고 이렇게 되묻기도 했다.

"그 애는 당연히 우리 노예지요. 2년 전에 당신이 1500달러를 주고 사 온 그날부터 그 애는 우리 가족이 소유한 깜둥이였으니까요." 미주리 주의 한 여성은 열일곱 살 먹은 가내노예에 관해 남편에게 이렇게 말했다.

당시 남부의 백인 가정이라고 해서 모두가 노예를 소유하지는 않았다. 하지만 노예를 소유했던 가정(대략 네 가구 중 한 가구)은 그들이 가진 귀중한 인간 재산을 하루아침에 상실하게 된 현실에 분개했다. 전쟁 전에는 1000달러 정도 하던 노예들이 이제 1만 3000달러에 거래되고 있었다. 노예를 소유하는 경우, 경제 수준이 중간 정도인 가정이 한 명에서 아홉 명까지 노예를 거느렸던 데 비해, 부유한 대농장주의 경우에는 그 수가 수백 명에 이르기도 했다. 이런 노예주 상당수는 그들이 입을 엄청난 금전적 손실에 대해서 연방 정부가 보상해 주리라고 기대하고 있었다.

앨라배마 주 어느 농장주의 아내는 당시 그녀의 가족이 처했던 비참한 상황을 이렇게 묘사했다. "우리가 그동안 모아 놓은 천량이 바닷물에 씻기듯 남김없이 사라져 버렸다."라고 빅토리아 클레이턴은 기록했다. "흑인들에게 자유를 주었다는 공치사는 미합중국 정부가 받았지만, 정작 대가를 치른 것은 남부인들이었다."

미시시피 주의 한 농장주는 노예를 모두 잃게 된 데 더해 설상가상으로 그를 비롯한 농장주들에게 남겨진 쑥대밭과 같은 당시 상

남북전쟁이 진행되는 동안 남부 연합은 사진과 같은 지폐를 발행했다. 1864년 봄 즈음에 이르자, 1861년 개전 당시 1달러면 살 수 있었던 물건을 사기 위해 46달러가 필요했다. 종전 후 남부 연합의 화폐는 거의 모든 가치를 상실했다. - 미국 의회 도서관

황을 이렇게 묘사했다. "길고 긴 전쟁의 터널에서 빠져나왔을 때 우리는 완전히 빈털터리가 되어 있었습니다." 남부 연합군의 준장이자 노예 소유주였던 새뮤얼 골슨은 이렇게 말했다. "우리는 가축을 모두 잃었어요. 노예들은 해방되고, 농장 저택과 담장이 불타 버린 경우가 부지기수인 데다 먹을거리는 다 떨어졌지, 열에 아홉은 빚에 시달리는 상황에서 우리에게 남은 것이라고는 땅뿐이었습니다."

그러나 빅토리아 클레이턴이나 새뮤얼 골슨으로 대표되는 남부 백인들은 세대를 이어 노예 가족들에게 초래된 재산상의 손실은 전혀 안중에 두지 않았다. 일부 현대 사학자들이 어림잡은 바에 따르면, 노예들이 받지 못한 임금 총액이 대략 34억 달러로 오늘날의 가치로 환산하면 170억 달러 이상이다. 학계 일각에서는 심지어 1조 4000억 달러, 즉 오늘날로 치면 4조 7000억 달러에 이른다고 추산

하기도 한다.

새뮤얼 골슨이 올바로 지적했듯이, 당시 대부분의 농장주나 농부에게 남은 것은 농토뿐이었고 텅 빈 들녘을 보면서 자신들의 미래에 대해 그리고 언제쯤에나 다시 경제적으로 자립할 수 있을지에 대해 걱정이 많았던 것은 사실이다. 당시 담배 경작의 절반 이상, 목화 생산의 4분의 3, 벼와 사탕수수와 삼麻 재배의 거의 전체를 노예 노동력에 의존하고 있었다. 그런데 이제 노예가 해방되었으니, 수십만 에이커에 달하는 농토를 경작하고 수확하는 고된 노동을 누가 떠맡고, 그 대가로 지불해야 할 임금은 또 얼마나 엄청날 것인가? 대다수 농장주나 농부들에게는 품삯을 지급할 현금이 남아 있지 않았고 돈을 빌릴 방편도 마땅히 없었다. 그들이 보유했던 남부 연합의 화폐는 전쟁으로 인해 가치를 상실했다. 엎친 데 덮친 격으로, 남부 연합에 속했던 주들은 전쟁 부채로서 총 7억 1200만 달러를 빚지고 있었다.

노예를 소유하지 않았던 남부 백인들 역시 미래가 암울하기는 마찬가지였다. 도시에 살면서 가게를 운영하거나 사업체를 꾸려 나가는 사람들도 없지는 않았지만, 대부분이 소작농이거나 손바닥만 한 뙈기밭을 경작하는 빈농이었다. 남북전쟁이 일어나기 전까지만 해도 이 영세농들은 농장을 키우고 노예를 사들여 수확량을 늘려서 언젠가는 부자가 될 거라는 꿈을 꿀 수 있었다. 그런데 이제는 새로이 자유를 얻은 흑인들을 상대로 땅과 현금성 작물을 두고 경쟁하는 처지가 되었다.

남부 백인 계층의 최하위를 차지했던 가난하고 별다른 기술이

이 풍자화 판화는 대농장주의 저택에서 노예들을 해방시키는 양키 병사들의 모습을 담고 있
다. 남부 백인들은 노예해방으로 인해 사회질서가 뒤집히지나 않을까 두려워했다. - 『하퍼스
위클리』, 1863년 4월 4일; 미국 의회 도서관

없던 노동자들은 자기 땅이 없었기 때문에 다른 백인을 위해 품을 팔아 생계를 이었다. 이들은 해방된 흑인들이 하찮은 일자리나마 빼앗지 않을까 두려워했다.

　당시 대다수 남부 백인들의 시각으로는, 노예가 해방된 결과로 기존의 사회 계층 질서가 뒤집혀 흑인이 최상단에, 백인은 맨 밑바닥으로 밀려날 수도 있을 것만 같았다. 그들은 흑인이 자유를 얻었으니 백인만큼 훌륭한 사람 혹은 보다 나은 사람이 될 수 있다는 '헛된 망상'을 품을까 봐 두렵기도 했다. 새로 얻은 자유와 신분을 으스대며 거들먹거리는 흑인에 관한 소문이 자자했다. 남군이 항복한 뒤 4개월 정도 지날 무렵, 『하퍼스 위클리』는 연방군 소속의 한 흑인 병사가 보인 우쭐거리는 태도에 대해서 보도했다. 포로로 붙잡힌 남부 연합군 병사들 사이에서 옛 주인을 발견한 이 흑인 병사는 다음과 같이 외쳤다고 한다. "이보시오, 주인 나리, 이젠 아랫막이가 맨 위로 올라왔구려."

　'인종 예절'을 여봐란듯이 무시하는 병사의 태도에 옛 주인은 아마도 크게 노했을 것이다. 새로 얻은 자유와 신분을 으스대는 꼴은 차치하더라도 이전까지 남부에서는 백인이 먼저 말을 걸지 않는 한 흑인이 백인에게 먼저 말을 건네는 행동은 금기 사항이었다. 이런 사소한 인종 예절 위반은 다수의 남부 백인들에게 사회의 맨 밑바닥에서 아랫막이 역할을 하던 흑인들이 계층의 최상단으로 올라와 자신들 위에 군림하게 **될 것**이라는, 그들의 가장 큰 공포감을 가중시켰다.

　텍사스 주 노예 출신인 한 흑인은 열여덟 살 무렵이었던 전쟁 막

바지에 아버지가 상처받은 백인의 자존심에 관해 들려준 충고를 기억하고 있었다. "아버지는 전쟁이 영원히 계속되지는 않을 거라고 늘 말씀하셨습니다."라며 마틴 잭슨은 말을 이었다. "문제는 그들이 쓰라린 패배를 당한 다음에도 우리는 영원히 이 남부인들 사이에서 삶을 이어 가야 한다는 것이었지요."

링컨 대통령은 즉각적이고 관대한 '재건'을 주창했다. "누구에게도 악의를 품지 말고, 모두에게 선의를 베풀며…… 이 나라의 상처를 봉합하고, 정의롭고 영원한 평화를 이루기 위해 우리 모두 최선을 다합시다." 리 장군이 항복하기 불과 몇 주 전에 링컨 대통령은 두 번째 취임 연설에서 간절히 요청했다.

그러나 링컨 대통령은 살아서는 재건을 통해 이 나라를 정의롭고 영원한 평화의 길로 이끌 수 없었다. 리 장군이 항복한 후 닷새 만에, 남부 연합 지지자가 쏜 총탄에 쓰러진 것이다.

1865년 4월 14일에 저격당한 에이브러햄 링컨은 다음 날 아침 숨을 거두었다. 같은 날, 부통령이었던 앤드루 존슨이 대통령 취임 선서를 했다. - 미국 의회 도서관

"찰스 나리의 마차를 몰았던 찰리 번스 아저씨가 뛰어 들어왔어요. 그러면서 마구 소리쳤지요. '이제 자유다, 모두가 자유다.' 뒤이어 병사들이 들이닥치더니 대위가 뭔 선언문을 읽습디다. 아이고, 그때 찰스 나리는 입도 벙긋 못했다우. 그 대위가 자기가 말하는 동안 닥치고 있으라고 했거든. 그리고 그 대위가 말했지. '나는 노예가 모두 해방되었음을 알리려고 왔습니다. 이젠 더 이상 그 누구도 주인님이라고 부를 필요가 없습니다.'"

세라 포드
양키 병사들이 텍사스의 대농장에 당도했을 때 포드는 대략 열다섯 살 정도였다. 옛 주인이 그녀의 아버지를 "악바리"라고 부르며 진저리를 냈었다고 1936년 면담 당시 회고했다. 근성 있던 그녀의 아버지는 곧바로 마차를 빌려 가족을 모두 태운 후 텍사스 주의 다른 곳으로 이주했고, 이곳에서 한 뙈기의 땅 위에 아담한 통나무집을 지었다. (미국 의회 도서관)

2장

"여보게들, 우리 모임을 만들어 보세."

남군이 항복한 이후, 오랜 전쟁에 지친 남부 연합군 병사들이 며칠 또는 몇 주에 걸쳐 바퀴 자국이 움푹 팬 도로를 따라 묵정밭을 가로질러 잿더미가 된 집과 오두막으로 돌아왔다. 대부분 두 발로 걸어서 귀향했지만 그나마 목숨은 부지했다는 사실에 감사했고, 더러는 타고 다니던 노새나 말을 그대로 몰고 가도록 허가받았다. 봄에 씨앗을 심으려면 노새나 말이 꼭 필요했다. 일부 병사들은 허가를 받아 군용 권총이나 정부가 보급한 총기를 계속 소지하기도 했다.

테네시 주 펄래스키에서 퇴역한 여섯 명의 남부 연합군 장교는 그들의 고향 땅을 짓누르는 우울과 절망을 보았다. 남부 연합 편에 섰던 남부 백인들이 으레 그렇듯 존 C. 레스터John C. Lester, 캘빈 존스Calvin Jones, 리처드 리드Richard Reed, 제임스 R. 크로James R. Crowe, 프랭크 매코드Frank McCord, 존 케네디John Kennedy 이 여섯 남자 역시

자신들이 정부를 보존하고, 보다 낫다고 믿는 삶의 방식을 지키고, 하나님과의 약속을 이행한다는 고귀한 명분을 위해 전쟁에 나가 용맹하게 싸웠다고 믿고 있었다. 다만 보다 강력한, 산업화된 북부에게 패해서 결과가 안 좋았을 뿐이다. 소위 '잃어버린 명분'Lost Cause으로 인해서 느꼈던 절망감은 그들이 남긴 편지와 일기에 고스란히 녹아 있었다. 더불어 앞으로 새롭게 전개될 상황에 대한 거부감과 두려움도 함께 드러났다.

당시 펄래스키의 시민들은 남부의 다른 백인들과 마찬가지로 깊은 슬픔과 상실감에 빠져 있었다. 테네시 주에서만 남부 연합군으로서 11만 명이, 그리고 또 다른 3만 1000명이 북부 연방군으로 남북전쟁에 참전했다. 전쟁이 끝난 지금, 서로 다른 진영을 선택했던 친척과 친구들 사이는, 마치 갈라지고 벌어진 상처처럼 미움과 갈등으로 곪아 가고 있었다.

남군이 마침내 항복을 선언한 1865년 가을과 겨울 내내 『펄래스키 시티즌』Pulaski Citizen과 같은

펄래스키의 여섯 퇴역 장교 중 네 명. 전쟁이 끝나고 약 20년 뒤에 촬영된 사진이다. (위에서부터) 존 C. 레스터, 제임스 R. 크로, 캘빈 존스, 존 케네디. - 테네시 주립 도서관 및 기록 보관소

이 그림에서 십자가는 남부 연합의 '잃어버린 명분'(전후 남부의 백인들이 만들어 낸 조어)을 상징한다. 연합국 깃발에 그려진 별들이 밤하늘을 환히 밝히고 있다. - 커리어 앤드 아이브스, 1872; 미국 의회 도서관

지역신문은 연일 남부 연합군 전사자들의 부고를 내고 있었다. 그때까지도 끊임없이 시신이 발견되고 있어서 신원을 확인하고 가족에게 통지하는 절차가 반복되었다.

　남부 백인 가정치고 전쟁에서 죽거나 부상당한 친지나 친구 하나 없는 집이 거의 없었다. 13~43세의 장정으로 구성된 남부 연합군은 다섯 명 중 한 명꼴로 전투 중에 입은 부상이나 장티푸스, 이질, 폐렴 같은 야전 질환으로 인해 사망했다. 시골 어디에서나, 도시와 읍내 거리에도 집집마다 검은색 장례 화환과 리본이 걸려 있었고, 전사한 이들의 어머니이거나 미망인인 여인들은 음울한 검은색 상복

차림이었으며, 퇴역 군인들은 목발에 의지한 채 질룩이며 거리를 오가는데, 그중 어떤 이는 비어 있는 바짓단을, 또 다른 이는 늘어진 소매 부리를 핀으로 고정한 모습이었다.

　　테네시 주는 버지니아 주 다음으로 전투가 잦았던 지역으로, 남북전쟁 중 가장 많은 사상자를 낸 세 번의 치열한 전투가 벌어졌던 현장이기도 했다. 그러나 펄래스키 시민들이 느꼈던 애통함이 비단 죽은 병사들 때문만은 아니었다. 전쟁으로 파헤쳐진 땅, 잔가지를 모두 잃고 타다 남은 밑동만 검게 그은 나무들의 모습이 을씨년스러웠다. 짓밟힌 동산. 잿더미가 된 집들. 쑥대밭이 된 대농장. 허물어지고 흐너진 긴 담장. 텅 빈 닭장과 돼지우리. 이 모든 스산한 풍경의 상당 부분이 포병대의 공격 탓이었다면 나머지는 양키 병사들의 노략질 때문이었다.

법원 청사에서 높이 나부끼는 연방 깃발을 보면서도 펄래스키의 주민들은 가슴 깊은 곳에서 분노와 함께 고통을 느꼈다. 남부의 다른 도시에서처럼 북군 병사들은 그들의 푸른색 군복과 승리를 으스대며 펄래스키 시내 곳곳을 떼 지어 다녔다. 당시의 신문 사설을 살펴보면, 남부 백인 필자들의 감정이 분노와 극한의 두려움 사이에서 요동치고 있었음을 알 수 있다. 그들에게 평화란 거의 전쟁만큼이나 끔찍했던 것 같다.

퇴역한 여섯 명의 펄래스키 남자들에게로 돌아가 보면, 그들은 이런 복잡한 감정을 글로 남기지 않았다. 다만 여섯 명 중 하나인 존 레스터가 훗날 전후의 불안과 지겨움으로 가득했던 일상을 묘사한 적이 있다. 그는 이런 감정을 가질 수밖에 없었던 이유로 오랜 시간 전장을 누비다 민간인의 생활로 복귀했다는 점, 그리고 남부 연합의 편에 서서 직접 전쟁에 참여했거나 다른 방식으로라도 남부 연합을 지지했던 사람들이 옴짝달싹할 수 없다고 느낀 엄격한 제약을 지적했다.

"〔우리는〕 사업을 시작할 수도, 그렇다고 다른 직업을 구할 수도 없었다." 테네시 남부 연합군 보병대 대위로 복역했던 존 레스터는 이렇게 설명했다. "가게를 내거나 농장을 경영할 만한 자금을 가진 사람은 눈을 씻고 찾으려도 찾을 수 없었다. 즐거운 일이라고는

1863년 11월 북군이 미셔너리 리지를 공격하면서 폐허가 된 테네시의 들녘에 한 남자가 앉아 있다. 사흘간의 전투로 북군에서는 5815명, 남군에서는 6670명의 사망자가 발생했다.
- 미국 의회 도서관

어스름이 내리면 여섯 남자는 캘빈 존스의 아버지인 존스 판사가 사용했던 펄래스키의 법률 사무소에서 어울렸다. - 테네시 주립 도서관 및 기록 보관소

하나도 없을 뿐더러 정상적인 상황에서라면 누릴 수 있는 기분 전환 거리도 전혀 없었다."

여섯 친구는 함께 시간이나 보낼 생각으로 캘빈 존스의 아버지가 사용하는 법률 사무소에서 밤마다 즐겨 모이고는 했다. 당시에 나누었을 대화 내용을 기록한 자료는 없다. 하지만 여섯 명 모두 고등 교육을 받은 사람들이었다는 사실로 미루어(대부분 대학을 졸업했으며, 네 명은 법률가 지망생이었고 한 명은 뒤에 『펄래스키 시티즌』의 편집장이 되었다.) 아마도 그들은 북부가 추진하는 '남부의 재건'과 관련한 정치 문제를 토론했을 것이라고 짐작된다.

당시 '재건'이라는 고통스러운 주제는 남부인이라면 누구라도 뇌리에서 떨칠 수 없는 난제였다. 어떻게 해야 미국을 다시 하나로 묶을 것인가? 북부는 남부 연합에 참여했던 11개 주와 남군의 전쟁 영웅들을 어떻게 취급할 것인가? 남부의 주지사, 자치단체장은 누가 되어야 하는가? 북부는 남부인들 스스로 지도자를 선택하도록 지켜볼 것인가? 북부는 남부가 자립할 수 있도록 도울 것인가? 아니면 그들의 구미에 맞는 규칙을 정하여 관철할 것인가?

여섯 남자들이 품었을 이런 우려는 충분히 일리가 있었다. 대부분의 남부 연합 지지자들처럼 이들 모두 민주당원이었고, 당시는 공화당이 집권한 상황이었다. 일부 공화당 온건파는 남부가 이미 충분히 고통을 겪었다고 판단했던 반면, 급진파 공화당원들은 감히 연방으로부터 분리하고자 반란을 일으킨 남부는 마땅한 대가를 치러야 한다고, 그것도 그에 상응하는 값을 톡톡히 치러야 한다고 믿고 있었다. 남군과 북군을 모두 합해 62만 명의 사망자, 100만 명에 달하는 부상자를 낳은 전쟁의 책임을 그들은 남부에 묻고 있었던 것이다. 당시 미국 총인구가 3100만 명이었다는 점을 감안해 비교한다면 오늘날 기준으로 500만 명이 희생된 셈이므로 희생자 규모는 실로 막대했다. 경제적인 측면에서 따진 전쟁 비용 역시 어마어마했다. 직접 비용이 66억 달러를 넘어서는 것으로 추산되는데, 오늘날 가치로 22조 달러에 해당한다.

이 밖에도 펄래스키의 6인은 아마도 신임 존슨 대통령이 남부를 재건하기 위해 어떤 복안을 가지고 있는지에 대해서도 토론했을 것이다. 에이브러햄 링컨은 공화당 소속이었지만, 그가 선택한 부통령 앤드루 존슨Andrew Johnson은 남부 테네시 주의 주지사 출신으로 민

1864년 대통령 선거에서 공화당은 남북전쟁 중에 연방 편에 남아 있던 테네시 주 주지사 출신의 민주당 상원 의원인 앤드루 존슨을 부통령 후보자로 지명했다. 남부 태생의 존슨이 미국을 다시 하나로 봉합해 주었으면 하는 것이 공화당의 바람이었다. - 미국 의회 도서관

주당원이었다. 전쟁이 진행되는 동안 존슨이 연방에 동조한 것은 사실이지만 재건에 관한 한 남부의 편에 서 있었다. 태생부터 남부인인 존슨은 남부 백인들의 처지를 잘 이해하고 있었고, 정치와 인종을 바라보는 관점 역시 그들과 같았다. 한편 민주당원으로서 존슨은 제한적인 정부를 추구했다.

링컨이 암살당한 후 부통령인 존슨이 대통령직을 이어 받아 취임했다. 존슨은 당시 휴회 중이었던 의회의 도움을 구하지 않고 남부의 주들을 자기만의 방식으로 재건하기 시작했다. 그는 남부 연합군의 병사는 물론 민간인 지지자들에 대한 사면을 전격 단행했다. 사면의 유일한 조건은 미합중국에 대한 충성 맹세뿐이었다. 충성을 맹세하기만 하면 남부 연합의 군인들은 다시 시민으로 인정되었고 투표권 행사를 보장받을 수 있었다.

존슨 대통령은 다만 1만 명에서 1만 5000명에 이르는 남부 연합의 핵심 인물들에 대해서는 즉각 사면을 유보했다. 다시 말해, 남부 백인 가운데 전쟁 중 유력 인사였던 인물들은 모두 워싱턴까지 찾아와서 존슨 대통령에게 직접 특별 사면을 요청해야 비로소 투표권을 인정받을 수 있었다. 전직 연방 공무원, 남부 연합군의 고위 장교, 정치 지도자, 남부 연합군 편에서 전쟁에 참여했던 웨스트포인트 육군사관학교 혹은 아나폴리스 해군사관학교 졸업생, 그리고 과세 대상 재산의 규모가 2만 달러(오늘날로 환산하면 26만 2625달러) 이상인 과거 남부 연합 소속 시민 모두가 그 대상이었다.

이 유력한 남부 인사들은 수천 에이커의 토지를 소유했던 지주

미완의 이 스케치는 버지니아 주 리치먼드에서 남부 연합 병사들이 미합중국에 충성을 맹세하는 모습을 보여 주고 있다. 일찍이 1850년대부터 기사거리가 될 만한 사건들은 사진 촬영을 했는데도, 신문사들은 판화만을 게재했다. 신문사들은 스케치 화가들을 보내 그림을 그려 오도록 해서 판화로 만들거나 판화가를 고용해 사진을 판화로 제작하기도 했다. - 앨프리드 오드, 미국 의회 도서관

로서 전쟁 전까지 수백 명의 노예를 거느렸던 대농장주 계급에 속하는 부유한 남자들이었다. 전쟁이 일어나기 전까지 아주 보잘것없던 노예들까지 투표할 수 있게 된 마당에, 자신들과 같은 중요 인물들이 공식적으로 사면받지 않는 한 투표권을 행사할 수 없다는 현실에 이들은 분노했다.

자존심이 드높은 일부 남부 연합 지지자들은 정부에 대한 충성 맹세를 거부하기도 했다. 그들이 보기에 이런 충성 맹세는 자신들을 모욕하려는 고의적인 장치였다. 그러나 대다수는 충성을 맹세해 가능한 한 빨리 시민 자격을 되찾고 투표하게 되기를 원했다. 그들은 외부인들이, 특히 **카펫 배거**carpetbagger들이 이래라저래라 하는 꼴을 보고 싶지 않았다. '카펫 배거'란 카펫 원단으로 만든 커다란 짐 가방이나 싸구려 여행 가방에 전 재산을 쑤셔 넣은 채 남부로 건너 온 북부 공화당원들을 경멸해 남부인들이 붙인 이름이었다. 남부인들의 눈에 이들 북부인은 전쟁에서 패배한 남부에서 한몫 챙기려 불순한 의도로 찾아온 모리배들에 불과했다.

펄래스키의 여섯 남자는 종전과 함께 새로이 자유를 얻은 흑인, 즉 자유민들에 대해서도 논의했을 것이다. 남부 전체 인구 중 4할에 해당하는 400만 명의 남녀노소 흑인 문제를 어떻게 해결해야 할까? 옛 노예들이 자유를 얻었다는 것은 기정사실이었다. 하지만 그 자유란 대체 무엇을 할 수 있는 자유인가?

수없이 많은 자유민들이 이제 대농장이나 농장을 떠나 농촌 지역을 떠돌고 있었다. 어떤 이들은 노예 시절에 머나먼 타향의 농장으

플로리다 주 몬티셀로에서 흑인 단속법 규정에 따라 벌금을 내기 위해 자유민인 한 남자
가 노예와 다를 바 없이 팔리고 있다. - 『프랭크 레슬리스 일러스트레이티드 뉴스페이퍼』,
1867년 1월 19일; 미국 의회 도서관

로 팔려간 가족을 찾아 헤맸다. 어떤 이는 살 곳과 일자리를 찾아 떠났고, 또 다른 흑인들은 학교와 먹을거리, 병원이 있는 남부의 도시와 마을을 떠돌다가 너절한 판자촌을 이루어 살기도 했다. 잔인한 주인으로부터 탈출하기 위해 떠나기도 했고, 북부로 가기 위해 먼 길을 나서기도 했다.

이렇게 옛 노예들이 새로 얻은 자유를 구가하는 동안, 그 규모의 크고 작음을 막론하고 대다수 농장주들로서는 각종 작물을 경작하고 수확할 일손을 구하기가 날이 갈수록 어려워졌다. 이것은 너무 절실한 문제였기 때문에 일부 농장주들은 떠나기로 작정한 노예들에게 폭력을 사용하면서까지, 심지어는 그들을 살해하면서까지 노동력을 확보하고자 애썼다. 그들은 자유를 얻은 옛 흑인 노예들이 다시 농장으로 돌아오게끔 주 정부나 지방 정부가 필요한 조치를 취해 주기를 바랐다. 이에 존슨 대통령의 처신에 한껏 고무된 남부 각 주의 입법가들은 '흑인 단속법'Black Code이라 부르는 일련의 법률을 신속하게 통과시켰다.

흑인 단속법의 내용 대부분은 예전의 '노예 단속법'Slave Code을 바탕으로 정해졌다. 세세한 내용은 각 주마다, 또 도시마다 달랐지만 이전의 노예 단속법만큼이나 엄격하게 자유민인 흑인들의 생활을 제한한다는 점은 같았다. 흑인 단속법 역시 동이 틀 때부터 해질녘까지 갱 시스템Gang system이라는 집단 노동 방식에 매여 노동할 것을 자유민에게 강제했다. 흑인은 손님의 방문을 받을 수 없었고, 집회를 열 수도 없으며, 허락 없이는 농장을 떠날 수 없었다.

다른 한편으로 흑인 단속법은 북부의 부랑죄에 토대해 입안되었다. 실업 상태인 흑인은 부랑죄로 책임을 물어 체포하고 벌금형에 처했다. 벌금을 지불할 능력이 없을 때에는 경매를 통해 고용주에게 팔렸는데, 대개는 그 고용주라는 사람이 옛 주인이었고 그들을 위해 강제로 일해야만 했다. 몇몇 주에서 제정된 법률에 따르면 법원이 직권으로 흑인 부모가 그 자녀를 부양 또는 적절하게 양육할 능력이 없다고 선고할 수 있고, 이렇게 선고되면 해당 어린이들은 선임된 백인 후견인에게 무보수 일꾼으로 맡겨졌다.

이상의 모든 사태는 의회가 휴회 중인 사이에 벌어졌다. 1865년 12월, 의회가 다시 개원했을 때는 이미 존슨 대통령의 주도 아래 남부 재건 사업이 대부분 완료된 뒤였다. 공

화당 의원들은 격분했다. 존슨은 재건에 대한 책무를 남부 백인들의 손에 맡겨 놓은 셈이었고, 남부인들은 전쟁 전과 동일한 인물들을 그들의 정치 지도자로 선출했다. 공화당 의원들은 흑인 단속법에 대해서도 분을 삭이지 못했다. 특히, 처지가 같은

존슨 대통령은 공화당의 '재건' 계획안을 맹렬히 반대했다. 풍자만화가 토머스 내스트 Thomas Nast는 이 그림에서 존슨 대통령을 위선가로 그리고 있다. - 「하퍼스 위클리」, 1866년 10월 27일; 미국 사회사 프로젝트

백인은 놔두고 흑인 실업자에게만 부랑죄를 적용한다는 사실에 격노했다. 그들은 자유민을 다시 노예 상태로 되돌려 놓았다며 남부의 입법가들을 책망했다.

일부 공화당 의원들, 특히 급진파 공화당원들은 남북전쟁으로 인해 북부가 감수했던 희생을 나 몰라라 한다며 대통령을 질책했다. 흑인들의 권리 보장을 주창했던 급진파 공화당원들은 존슨 대통령이 추진했던 재건 정책이 지나치게 유화적이라며 기존 계획을 신속하게 수정하려 달려들었다. 그해 12월, 공화당 의원들은 과거 아메리카 연합국에서 한자리씩 차지했던 남부 출신의 상원 또는 하원 의원의 회의 참석을 거부했다. 뒤이어 노예제도 폐지를 규정한 수정헌법 제13조를 비준했고, 민권을 보장하는 법률을 제정하기 위해 분주하게 움직였다.

존슨 대통령이 거부권을 행사한 이후 1866년 4월에 의회가 '민권법'Civil Rights Act을 통과시켰다.* 법률에 따라 (아메리카 인디언을 제외하고) 미합중국에서 태어난 모든 사람은 시민으로 인정받고 미합중국 정부에 의해 보호받을 권리를 보장받았다. 이 법은 흑인 단속법을 무효화하고 흑인에게 백인과 동등한 권리를 인정하여 자유민의 권리를 보호했다.

인종 평등이라는 개념은 남부 백인들의 자존심을 크게 훼손했

---

* 대통령이 거부권을 행사한 법률안이라도 의회가 3분의 2 이상 찬성표를 얻어 재의결하면 대통령 서명 없이 법률로서 확정된다. 존슨 대통령이 거부했던 민권법은 이러한 우여곡절 끝에 통과되었다.

1866년 4월에 민권법이 마침내 통과되자, 하원 방청석 밖에서 기다리던 시민들이 환호하고 있다. 본 법안은 흑인에게 시민권을 부여하고 흑인에 대한 차별을 금지했다. 존슨 대통령은 본 법안이 "유색인종에게 유리하고 백인에게 불리하도록 조작"되었다고 주장하면서 거부권을 행사했다. -『하퍼스 위클리』, 1866년 4월 28일; 미국 의회 도서관

다. 노예제도 폐지 전에는 인종에 관한 규칙이 명백했다. 하지만 이제 여봐란듯이 백인의 권위에 도전하는 흑인들이 나타나기 시작했다. 누구는 감히 백인 앞에서 보란 듯이 자리에 앉았다. 백인을 보고도 굳이 모자를 기울여 인사하지 않거나 길을 걸을 때 옆으로 비켜서며 양보하지 않는 흑인들도 나타났다. 어떤 흑인은 옛 주인을 '주인님'master이라고 부르길 거부했고 '아저씨'Uncle, '녀석'boy, '아줌마'Auntie, '유모'Mammy라는 호칭에 대답하지 않았다.* 심지어 총을 사서 개를 데리고 사냥에 나서는 흑인도 있었다. 노예제도 아래에서는 흑인에게 금지되었던 행동이었다. 남부에서 발행되는 신문들은 이러한 불경한 행동을 그대로 용인할 때 초래될 위험에 대해서 백인 구독자들에게 경고했다. 여러 필자들이 신문 사설을 통해 이러한 모든 방종과 인종 평등이 초래할 궁극적인 결과에 대해서 근심 어린 예측을 내놓았다.

남부의 다른 백인들처럼, 레스터, 크로, 존스, 케네디, 리드, 매코드 역시 마치 폭풍우를 잔뜩 실은 먹장구름같이 남부의 대지 위에 드리운 인종 간 긴장 상태에 대해서도 토론했을 것이다. 5월 초 백인이 모는 마차와 흑인이 모는 마차 사이에서 일어난 충돌 사건이 계기가 되어 멤피스 인근에서 인종 폭동이 촉발했다. 경찰이 흑인 마부를

---

* Uncle은 해리엇 비처 스토가 쓴 『톰 아저씨의 오두막』의 등장인물에서 유래했다. 본래는 친절하고 인간적인 흑인이지만, 이 소설이 인기를 끌면서 민스트럴 쇼(minstrel show, 백인들이 흑인 분장을 하고 흑인 노예의 삶을 희화한 악극)로 만들어질 때 백인 주인에게 아첨하는 비굴한 인물형으로 왜곡되었다. Auntie는 쇼에서 톰 아저씨의 상대 배역인 제미마 아줌마(Aunt Jemima) 등으로부터 유래했고, 마찬가지로 백인에게 아부를 떠는 인물이다.

체포하자, 북군 출신 흑인들이 이에 항의했다. 그러자 백인 폭도들이 재빨리 집결했고, 그 결과 이 작은 충돌 사건이 불씨가 되어 사흘간의 인종차별적 폭력 사태로 확산되었다. 시 경찰과 소방관들의 도움을 받은 백인 남자들이 멤피스 전역에서 흑인들을 무차별 공격했고, 그 결과 흑인 마흔여섯 명과 백인 두 명이 사망했다. 백인 폭도들은 흑인 학교 열두 채와 흑인 교회 네 동, 그리고 흑인 가족이 살고 있던 수백 채의 집을 약탈하고 파괴했다.

후에 일부 백인들은 흑인 병사들이 술에 취해 문란한 행동을 했고 백인 시민을 자극한 탓에 스스로를 보호하고자 정당방위로서 대항할 수밖에 없었노라고 주장했다. 다른 한편에서는 남부가 잃어버린 모든 것을 상징하는 흑인 병사들을 남부에 떠넘긴 북부를 탓하는 사람들도 있었다.

『펄래스키 시티즌』으로 대표되는 남부의 신문들은 유력한 남부 연합의 인사들(과세 대상 재산이 2만 달러 이상인 사람들)이 투표권을 행사할 수 없도록 규정한 법률 때문에 이런 폭동이 발생하고 있다는 주장을 펼치기도 했다. "최근의 폭력 사태에 대해서 멤피스를 비난하는 외부 사람들은 정작 멤피스의 시민(요컨대 이 도시의 재력가들)이 시 정부의 구성에 참여할 수도, 자기 목소리를 낼 수도, 투표권을 행사할 수도 없는 작금의 현실을 상기해야 한다."라고 『펄래스키 시티즌』은 보도했다.

그러나 다른 한편에서 『하퍼스 위클리』의 기자는 점차 심각해지는 폭력 사태를 두고 편견이 키운 뜬소문들을 비난했다. "저녁 시간

『하퍼스 위클리』의 기자는 테네시 주 멤피스에서 발생한 폭력 사태와 관련해 근거 없이 떠도는 소문을 비난했다. 이 목판화는 자유민 학살을 묘사하고 있다. - 『하퍼스 위클리』, 1866년 5월 26일; 미국 의회 도서관

이 지나는 동안 지나치게 과장되고 터무니없는 소식들이 시내 전체에 퍼져 나가고 있었다."라고 이 기자는 썼다. "폭력 사태에 관해 알고 있다는 사람들이 저마다 서로 다른 이야기를 전하고 있었다. 새로운 소문은 앞서 나온 얘기보다 더 나쁜 상황만 전하고 흑인에 대한 억눌린 편견을 키우는 데 일조할 따름이었다."

위기의 시대 또는 불확실성의 시대를 사는 사람들은 불안과 두려움에 맞서기 위해, 진위를 확인하지 않고 떠도는 소문이나 유언비어에 무턱대고 의존하기도 한다. 이런 헛된 소문 중에서도 특히 인종

이나 증오에 관한 낭설은 사회를 분열시키고 적대감을 조장해 결국 폭력 사태를 야기하기 때문에 매우 위험하다.

멤피스 폭동이나 인종 폭력에 관한 다른 소식들을 접하면서, 펄래스키의 여섯 남자는 밤에 모여 소일하는 동안 펄래스키 시에도 순찰이 필요하다는 이야기를 나누었을 수도 있다. 다수의 남부 백인들은 가족의 안전과 재산을 지키는 데 지나칠 정도로 집착하는 한편, 흑인 남자가 자유롭게 거리를 활보하는 한 백인 여성의 안전을 보장할 수 없다고 믿고 있었다. 이런 사고방식에 젖은 사람들은 그들이 지켜 줘야 한다고 믿는 바로 그 여성들 중 상당수가 불과 몇 해 전 남자들이 전쟁터에 나가 싸우는 동안 스스로를 돌보며 농장과 대농장을 관리하고 가업을 운영했다는 엄연한 사실을 단순히 기억에서 빼놓기로 선택했던 것 같다.

펄래스키의 여섯 남자는 퇴역 군인들이라면 으레 그러듯이 전쟁 이전 시대를 추억하거나 전쟁 당시의 활약상을 쉼 없이 되새기며 시간을 보냈을 것이다. 다만 그들이 나눈 대화 중 정확하게 알려진 것은 1866년 5월 어느 날 저녁에 나눈 대화뿐이다. 이날 예의 법률 사무소에 남자들이 모여 있을 때 존 레스터가 갑자기 친구들을 보며 이렇게 말했다. "여보게들, 우리 모임이나 단체 같은 것을 만들어 보세."

나머지 다섯 명 모두가 곧바로 존 레스터의 제안에 동의했고, 여섯 친구는 이내 두 편으로 나뉘어 필요한 작업에 착수했다. 캘빈 존스와 리처드 리드가 조직의 이름을 정하고 다른 친구들은 공식 규약을 정하기로 했다.

일주일 뒤 여섯 남자들이 다시 모였다. 캘빈 존스와 리처드 리드는 그들의 조직을 그리스어로 '모임' 혹은 '무리'를 의미하는 쿠클로스Kuklos라고 부르자고 제안했다. 이들은 십중팔구 한때 인기를 누리다 전쟁의 와중에 해체된 남부 지역 대학의 남학생 사교 모임 '쿠클로스 애덜폰'에 영향을 받았을 것이다.

친구들 모두 이 제안을 반겼는데, 다만 '쿠클로스'라는 이름에는 뭔가 비밀스러운 매력이 부족하다고 생각했다. 그리스 문자를 차용한 폐쇄적인 친목 단체들의 경우, 그 명칭이 무엇을 뜻하는지는 가입이 허락된 내부자들에게만 은밀하게 알려진 경우가 많았다. 아마도 이런 점을 감안해 제임스 크로는 '쿠클로스'를 약간 변형해 "**쿠 클럭스** ku klux라고 부르자."라고 제안했다.

그때 누군가 '무리'나 '모임'을 의미하는 또 다른 말인 '클랜'klan*을 덧붙이자고 했고, 그러기로 결정되었다. 이렇게 해서 '쿠 클럭스 클랜'**이라는 명칭이 탄생했는데, 사실 동어 반복으로 머리운을 꿰맞춘 것으로 그 의미를 따지자면 '모임 모임'이라는 단순하고 다소 우스꽝스러운 이름에 불과했다.

훗날 존 레스터는 '쿠 클럭스 클랜'이라는 수수께끼 같은 이름에 틀림없이 주술적인 힘이 담겨 있었다고 으스대며 말했다. "쿠 클럭스

---

* '씨족'을 뜻하는 스코틀랜드 게일어 clan에서 유래했다.
** 국립국어원 표준국어대사전에는 '큐 클럭스 클랜'으로 등재되어 있다. 그러나 이는 관행적 표기일 뿐 그 밖의 표기 근거가 희박하므로, 이 책에서는 외래어 표기법에 근거해 '쿠 클럭스 클랜'으로 표기한다.

테네시 주 펄래스키에 소재한 이 저택에서 쿠 클럭스 클랜의 창립 단원들이 비밀 조직의 규칙과 의식을 정했다. - 제임스 웰치 패튼, 『1860~1869년 테네시 주의 연방주의와 재건』; 노스캐롤라이나 대학교 출판부의 허락을 얻어 재인쇄

클랜이라는 이름 자체에서 기이한 힘이 느껴졌습니다. 그 소리가 왠지 서로 맞부딪쳐 덜거덕하는 뼈다귀를 연상케 하지요." 쿠 클럭스 클랜이 아닌 다른 이름을 선택했다면 그들의 작은 모임이 펄래스키 주 경계를 넘어서 그렇게 막강한 조직으로 성장하지는 못했을 것이라고 레스터는 주장했다.

두 번째 모임 이후 여러 날 동안, 새롭게 결성된 쿠 클럭스 클랜은 그들 중 한 사람이 가족 친구를 대신해 돌보던 대저택에서 매일 밤 만났다. 이곳에서 그들은 '쿠클러스 애덜폰'의 규칙을 거의 그대로 본뜬 그들만의 규약을 정했다. 비밀 엄수의 서약을 작성하고, 암호나 비밀 악수법, 비밀 신호와 같은 의식과 의례, 신규 단원의 신고식 등에 대해서 결정했다.

그런 다음 여섯 명은 각각 역할을 분담하고, 그 역할에 따라 기이한 직함을 붙였다. 다시 말해, 프랭크 매코드는 그랜드 사이클로프스Grand Cyclops로서 단장이었고, 존 케네디는 그랜드 매지Grand Magi로서 부단장, 제임스 크로는 의전을 담당하는 최고 책임자 그랜드 터크Grand Turk, 캘빈 존스와 존 레스터는 전령 역할을 하는 나이트 호크Night Hawks, 리처드 리드는 소굴Den의 경비를 담당하는 파수꾼 릭터Lictor가 되었다.*

이렇게 조직 정비가 마무리되자, 여섯 명의 클랜 단원들은 리넨 옷장을 뒤졌다. 그들은 흰색 침대보를 꺼내 머리 위에 뒤집어쓰고 두 눈과 입이 있는 자리에만 구멍을 냈다. 그런 다음 밖으로 뛰쳐나가 말에 올라타고 대로를 질주하면서 함성을 지르거나 귀신처럼 우 소리를 내거나 새된 소리를 질러 댔다.

마침내 쿠 클럭스 클랜이 탄생한 것이다.

---

* 사이클로프스는 고대 그리스 신화에 나오는 외눈박이 거인으로, 그리스어로는 키클롭스(kyklops)라고 한다. 매지는 기원전 8~6세기에 이란 서부 지역에서 발생한 사제 계급을 마기(Magi)라고 한 데서 유래했다. 성서에서 예수의 탄생을 축하하러 간 동방 박사 세 사람도 이에 해당한다. 터크는 매우 용감한 사람을 가리키는 말로, 15~19세기 아시아와 유럽을 지배한 투르크족에서 유래했다. 나이트 호크는 '밤을 새는 사람'이라는 뜻이며, 릭터는 권표(도끼를 끼운 방망이)로 죄인을 처벌하는 고대 로마의 관리(릭토르)에서 유래했다. 릭터는 나중에 나이트 호크에 포함되었다.

"쿠 클럭스 클랜의 행동에 일부 후회할 만한 잘못이나 비난받을 만한 부분도 있을지 모른다. 그러나 그 당시 사회적, 시민적, 정치적인 상황을 충분히 이해한다면, 그리고 일말의 고상한 감정도 느끼지 못하는 게 아니라면, 동정심이 들고 감탄을 자아내기까지 하는 여러 사실들을 발견할 수 있을 것이다."

— 존 레스터, 남군 패배 이후의 상황이 쿠 클럭스 클랜 결성을 정당화하는 이유를 설명하며

3장

"나는 치커모가에서 살해당한 원혼이다."

깊은 밤 말을 타고 폭주했던 첫째 날 이후 오래 지나지 않아, 여섯 남
자는 펄래스키로 이어지는 큰길에서 멀지 않은 언덕배기 위 버려진
대저택을 발견했다. 수개월 전에 태풍으로 훼손되어 버려진 폐가였
다. 한때 숲이 울창했지만 모진 폭풍을 만나 쪼개진 나무만 몇 그루
남아 있어 분위기가 을씨년스러웠다.

"으스스하고 황량하며 기이한 분위기였지만, 은밀한 소굴로 삼
기에는 모든 면에서 적당했다."라고 20년 후 존 레스터는 기록했다.

그로부터 몇 주 동안 클랜 단원들은 그들만의 비밀 소굴에 모여
복면을 쓰고 통옷으로 갈아입은 후 말에 올라타고는 했다. 여름밤 소
풍을 나오거나 바비큐 파티를 즐기는 사람들 사이를 가르며 요란스
레 시골 마을을 질주했다. 파티를 즐기던 사람들은 다 큰 어른들이
침대보를 뒤집어쓰고 유령 흉내를 내는 어처구니없는 모습을 대개

보름달 아래, 치밀하게 변장한 클랜 단원이 총을 꺼내 들고 순찰 도는 모습 - 앨비언 위니거 루트재, 『바보의 신부름 - 그 바보들 중의 하나 쯤』; 테네시 주립 도서관 및 기록 보관소

재미있어하며 웃어넘겼다.

　어느 날 밤에는 유령 변장을 한 남자들이 펄래스키 외곽의 너도밤나무 숲에서 달빛 소풍을 즐기던 무리와 마주쳤다. 소풍을 나온 사람 중에는 남부 연합군의 퇴역 대위가 한 명 있었는데, 그는 길게 흘러내린 통옷 차림에 반짝이와 별로 장식한 뾰족한 원뿔 모자를 쓴 무리를 보고 우습다고 생각했다고 한다. 기다란 모자로 얼굴을 감추고 있었지만, 복면으로 사용한 두꺼운 흰색 판지 뒤편에서 빛나는 두 눈은 뚫린 구멍을 통해 분명하게 확인할 수 있었다. "꽤 근사하고 요란하게 치장한 복장이었습니다." 당시 앨라배마 주 애선스의 경계 너머에 살고 있던 대니얼 콜먼은 이렇게 말했다.

　온몸을 천으로 감싼 남자들은 덩실덩실 춤을 추기도 하고, 콜먼 일행을 에워싸며 마치 하늘 높이 날아오를 듯이 흰색 통옷의 소맷자락을 너울거리기도 했다. 소풍객 사이에서 뛰놀며, 마치 무덤에서 살아온 유령이라도 되는 듯 낮은 목소리로 우 하고 사람들을 골려 주기도 했다. 말은 전혀 하지 않고 서로에게 몸짓으로 신호를 보내며 소리 없이 움직이기만 하는 사람도 있었다.

　쿠 클럭스 클랜이 빠르게 성장할 수 있었던 비결 중 하나가 '비밀주의'였다. "그 수수께끼 같은 성격은 당시로서는 매우 획기적이었다."라고 훗날 존 레스터가 기록했다. "지역에서 발행하는 거의 모든 신문에는 비밀스러운 한 단체가 내건 공고문이 게재되었다."

　예를 들어 격주로 발간되는 『펄래스키 시티즌』에는 다음과 같은 공고문이 실렸다.

주목.

쿠 클럭스 클랜, 다음 주 화요일 저녁에 항상 모이는 '소굴'에서 회합할 예정. 클랜 복장과 문장紋章 착용하고 정확히 자정에 모이기 바람.

그랜드 사이클로프스의 명을 받들어 G. T.

『펄래스키 시티즌』의 발행인 루서 매코드Luther McCord는 사무실 문틈으로 밀어 넣어진 글쪽지를 발견하고 당황했다고 주장했다. "이 메모가 유의미한 것이라면, 무슨 뜻인지 발행인에게 알려 주실 분이 계신지?" 그는 신문 1면을 통해 이렇게 요청했다. "과연 '쿠 클럭스 클랜'이란 그 정체가 무엇이며, 이처럼 알쏭달쏭하고 엄중한 명령을 내린 '그랜드 사이클로프스'란 또 누구인가? 이 내용에 대해서 약간이라도 정보를 제공하실 수 있는 분은 안 계신가?"

사실 루서 매코드는 이미 그 답을 알고 있었을 가능성이 다분하다. 그의 동생이 다름 아닌 쿠 클럭스 클랜의 단원 프랭크 매코드였기 때문이다.

지역신문에 이처럼 수수께끼 같은 '공고문'을 싣는 어느 단체의 익살스러운 행태는 독자들의 호기심을 자극했다. 이내 펄래스키 주민들로부터 단원 가입 문의가 이어졌다. 스스로 소굴을 찾아오는 이도 있었지만, 야밤에 변복한 채 갑작스레 말을 타고 나타난 남자들에게 눈이 가려져 감쪽같이 소굴로 납치되어 비밀스러운 가입 의식에 참여한 사람들도 있었다. 새로 가입한 단원들 대부분은 퇴역한 남군 병사였고 최소한 세 명 이상은 지역에서 개업한 의사였다. 이들은 초대 단원과 마찬가지로 신앙생활에 적극 참여하는 한편, 유령과 혼령의 존재를 믿는 전통으로 널리 알려진 스코틀랜드 – 아일랜드의 유산을 공유하는 사람들이었다.

비밀스러운 가입 의식은 신입 단원들을 골리려고 의도적으로 짜낸 짓궂은 장난으로 가득했다. 우선 그랜드 사이클로프스가 눈을 가린 신입 단원에게 엉뚱한 질문을 퍼부었다. 만족할 만한 대답이 나오면 그랜드 사이클로프스는 다음과 같이 명령한다. "이자를 왕의 제단 앞으로 이끌고, 머리 위에 왕관을 씌워라."

그러면 기존 단원들이 남자를 커다란 거울 앞으로 이끌고, 당나귀 귀가 양쪽으로 늘어진 큼직한 모자를 신입 단원의 머리 위에 씌운다. 그런 다음 이 풋내기에게 스코틀랜드 시인 로버트 번스의 시 「머릿니에게」 한 구절을 따라 외라고 시킨다.

> 그리고 어떤 힘이 우리에게 선물을 줄 것이니
> 다른 사람들이 우리를 보는 것처럼 우리 자신을 바라보는
> 능력이라.
> O wad some power the giftie gie us
> To see ousels as ithers see us.

신입 단원이 시구를 따라 외면 기존 단원들이 그제야 눈가리개를 풀러 준다. 신입 단원은 앞에 있는 거울 속에서 당나귀 모자를 쓴

우스꽝스러운 자신의 모습을 발견한다.

"소굴은 한바탕 환호성과 웃음소리로 가득했습니다."라고 레스터는 말했다. "설상가상으로 그 남자는 마침내 자기가 흉측한 통옷을 입고 얼굴을 감춘 남자들 사이에 둘러싸여 있다는 사실을 깨닫게 되지요. 자기를 포위하듯 에워싼 사람들이 누구인지 정체를 전혀 알 수 없었습니다."

그해 여름, 인기 높은 이 단체가 인근 농촌과 테네시 주 다른 지역까지 확산되고 있다는 소식이 전해지면서 여기저기에서 소굴이 우후죽순처럼 빠르게 증가했다. 존 레스터의 주장에 따르면 당시까지만 해도 클랜 단원들은 서로를 상대로 혹은 외부인을 희생양 삼아 짓궂은 장난을 치는 데 만족했다고 한다. 그러나 이처럼 농담으로서의 성격은 이내 변질되고 말았다. 소굴 주변의 어두컴컴하고 으슥한 거리를 지나던 사람들이 통옷을 입고 복면을 쓴 채 보초를 서던 파수꾼 릭터들을 발견하면 깜짝 놀란다는 사실을 깨달은 뒤부터였다. 섬뜩해진 행인들이 누구냐고 물으면 음산한 분위기를 풍기는 릭터들이 으스스한 목소리로 이렇게 대답했다. "저세상에서 온 혼령이다. 나는 치커모가에서 살해당했다."라고 대답했다.

클랜 단원들은 이런 대답을 들으면 다른 누구보다 자유민들이 겁을 집어먹는다는 사실을 발견하고 만족했다. 치커모가는 테네시 주의 경계로부터 남동부 방향으로 16킬로미터 정도 떨어진 조지아 주의 도시인데, 남북전쟁 중에 가장 치열했던 전투가 벌어졌던 곳이었다.

조지아 주 치커모가에서 이틀간 치러진 전투로 남부 연합군 1만 8454명, 북부 연방군 1만 6170명이 사망했다. 1863년 9월, 결국 남부 연합군이 승리한다. - 미국 의회 도서관

　　전사한 남부 연합군 병사들이 '유령'이 되어 떠돈다는 소문이 퍼지자, 자유민들은 클랜의 소굴이 밀집한 지역을 꺼리게 되었다. "이런 과정을 통해 클랜은 무지한 데다 미신까지 믿는 몽매한 자들을 마음먹은 대로 통제할 수 있는 강력한 장치가 자기들 손에 쥐어졌음을 차츰 깨닫게 되었습니다."라고 레스터는 말했다.

　　레스터에 따르면 일개 사교 모임 불과했던 클랜이 옛 노예들의 품행을 단속하는 부기맨bogeyman* 집단으로 변모한 것은 이런 깨달음

---

*　　아이들을 겁주어 착하게 만들려고 어른들이 곧잘 들먹이는, 실체가 없는 무서운 존재.

신원이 확인되지 않은 이 노예 가족의 사진은 노예해방 이전에 촬영되었다. 당시 해가 지면 말을 탄 순찰꾼들이 자유민 신분이든 노예 신분이든 흑인들의 통행을 규제했다. 전쟁 전에 순찰꾼들이 그랬던 것처럼, 남북전쟁이 막을 내린 뒤에는 쿠 클럭스 클랜이 신체적으로, 또 심리적으로 흑인들을 위협했다. - 미국 의회 도서관

덕분이었다고 한다. 노예해방 이전에 노예 순찰꾼들이 그랬던 것처럼, 클랜은 시골의 좁은 길을 순찰하면서 밤중에 오두막을 나와 바깥 출입을 하는 흑인들을 추격하고 채찍질 세례를 퍼부었다. 심지어 닥치는 대로 총질을 해 대는 클랜 단원도 일부 있었다.

너무 위험해서 창가나 문 근처에서는 잠들지 못하는 흑인 가족도 있었다. 어떤 흑인 여성은 클랜의 습격이 빈번해지자 스스로를 지키기 위해 남편, 아이들과 함께 온 가족이 오두막의 마룻바닥에서 잠을 청했다고 설명했다. "망할 쿠 클럭스가 밤이면 밤마다 우리 집 주위로 몰려와 문과 창문에 빵빵 총을 쏘아 댔어요." 테네시 주 서쪽 경계 너

머 미주리 주에서 살았던 앤 울리히 에번스는 이렇게 말했다. "한낮에
는 아무도 괴롭히지 않아요. 그렇지만 어느 날엔가 집 안까지 들어와
서 이것저것 헤집더군요. 누군가를 찾고 있다면서요. 그러면서 샤일
로 전투* 이후로 아무것도 먹지 않아서 배가 고프다고 했어요."

클랜 단원들은 기괴한 목소리로 자신들이 전투 중에 죽은 남부
연합군 병사들의 유령이라며 목이 몹시 마르다고 했다. 그들은 '초자
연적인' 힘을 과시하듯 오두막 둘레를 맴돌았다. 접을 수 있는 물주
머니를 옷 아래에 감추고서 마치 물 한 동이를 단숨에 마시는 것처럼
연기했다. 소매 부리 안에 뼈다귀를 숨기고 있다가 팔이나 손이 '빠
지는' 시늉도 했다. 대말을 이용하거나 커다란 모자를 써서 거인처럼
키가 커 보이도록 연출했다. 팔에 가짜 머리를 끼고 다니며 머리가
없는 척 연기한 이도 있었다.

물론 일부 흑인은 귀신이나 혼령과 같은 초자연적인 존재에 미
혹되었을 수도 있다. 흑인들 중 상당수는 서아프리카 연안 국가에서
팔려 온 노예들의 자손이었다. 그들의 부모 혹은 조부모는 '부두'라
고 알려진 문화적이고도 종교적인 믿음을 아메리카에 소개했다. 부
두교를 믿는 사람들은 죽은 조상의 영혼을 경배하고, 환호성이나 춤,
노래를 통해서 사자死者와 소통할 수 있다고 믿었다. 때문에 당시까
지 부두교를 믿었던 일부 자유민들은 전사한 남군 병사들이 무덤으
로부터 돌아와 복수할지도 모른다는 두려움에 떨었을 수도 있다.

---

* 1862년 봄, 테네시 주의 도시 샤일로에서 벌어진 참혹한 전투.

클랜 단원들이 흑인 가족을 급습하는 장면. 이내 복면한 남자들은 '쿠클럭서', 그들의 폭력 행위는 '쿠클럭싱' 또는 '쿠클럭시즘'이라고 불리게 되었다. - 『하퍼스 위클리』, 1872년 2월 24일; 미국 의회 도서관

노예 소유주들은 오래전부터 이러저러한 아프리카 신앙을 이용해 미신을 곧잘 믿는 노예들 사이에서 공포 분위기를 조장하고 있었다. 밤에 유령처럼 꾸미고 노예들을 놀래서 밤을 무서워하도록 유도했던 노예 소유주나 감시꾼, 순찰꾼 들도 있었다. 미신을 믿는 일부 노예들에게는 이런 속임수가 통했을 수도 있다.

그러나 실상 대다수 흑인들은 이런 얕은 수에 속아 넘어가지 않았다. 그들은 변장한 쿠 클럭스 클랜 단원들이 망자가 된 옛 주인도, 무덤에서 돌아온 남부 연합군 병사도 아니라는 사실을 잘 알고 있었다. 그들이 정말로 경악한 것은 제대로 무장한 채 갑작스레 오두막으로 쳐들어오는 변복한 백인 남자들, 그것도 당하는 이들보다 압도적으로 많은 침입자들의 수 때문이었다. 한 자유민은 이렇게 말했다. "제가 두려웠던 것은 그들이 손에 권총을 쥐고 나타났기 때문이고, 정말로 나를 쏠 것만 같았기 때문입니다."

대다수 자유민은 백인들의 장단에 맞추어 쿠 클럭스 클랜 단원들의 속임수에 속는 척해 주는 편이 더 안전하다는 사실을 경험을 통해 배우고 있었다. 그렇게 하면 클랜 단원들이 그들을 내버려 두었고, 폭력적인 분위기가 구타와 총격, 린치와 같은 실제의 가혹 행위로 전개되지 않도록 막을 수 있었다.

오늘날 일부 사학자들은 여섯 남자가 펄래스키에서 처음 쿠 클럭스 클랜을 결성할 당시에는 순수한 사교 모임에 불과했으나, 이후에 흑인들의 생활을 단속하는 인종차별 단체로 조직이 확대되었다는 존 레스터의 주장을 그대로 받아들이기도 한다. 적어도 쿠 클럭스 클랜이 결성되었던 그해 여름 한 철만큼은 애초의 펄래스키 모임이 누군가를 괴롭히거나 심각하게 위협했다는 증거가 희박하다는 게 이 학자들이 내세우는 근거이다.

하지만 이런 주장에 동의하지 않는 사학자들도 있다. 쿠 클럭스 클랜의 폭력 행위는 뒤에 '쿠클럭싱'이라는 이름으로 알려졌는데, 사실 이름만 새로 지어 불렀을 뿐 전혀 새로울 것이 없다는 게 이들의 주장이다. 이들 역사학자들은 쿠 클럭스 클랜을 처음 구상했던 시점부터 여섯 남자가 인종주의로 얼룩진 밑그림을 그리지 않았다고는 믿기 어렵다고 주장한다. 펄래스키의 여섯 남자는 흑인들을 채찍으로 다스리고 으르는 행동이 문화적으로도 사회적으로도 당연시되던 시대에, 여기서 한걸음 더 나아가 완전히 합법적인 것으로 인정받던 환경에서 성장했다. 때문에 이런 남자들이 어떤 모임을 결성했을 때에는 노예제도하에 폭넓게 용인되던 인종차별 행위를 계속 이어 나갈 방법을 모색했다고 보는 쪽이 더 설득력 있다.

이에 더해 존 레스터는 남부 연합의 퇴역 군인, 남부 연합을 지지했던 남부 백인 남자들이 가득한 소굴들이 점차 확대되고 있었지만 쿠 클럭스 클랜은 정치색이 전혀 없는 순수한 모임이었다고 주장했다. 레스터의 주장에 따르면 클랜 단원들은 "스스로 재산을 지키고, 법과 질서를 유지하고자 했던…… 일종의 자경단"이었다는 것이다.

쿠 클럭스 클랜의 첫 번째 소굴이 조직되었던 1866년 여름, 워싱턴에서의 정치 공방은 날로 치열해지고 있었다. 특히 존슨 대통령

유력한 급진파 공화당원이었던 찰스 섬녀Charles Sumner. 이 그림에서는 흑인 아동에게는
동전을 주면서 백인 소녀는 돕지 않고 외면하는 인물로 그려졌다. 섬녀는 흑인 미국인에게도
동등한 권리가 주어지는 제도를 수립하기 위해 노력했다. – 미국 의회 도서관

이 거부권을 행사했음에도 공화당 의원들이 한시적 기관인 '해방노예국'Freedmen's Bureau*의 존속을 연장하는 법률안을 가결한 뒤에 정치적 갈등은 보다 심각해졌다.

의회는 남북전쟁의 막바지에 옛 노예들과 전쟁으로 폐허가 된 남부의 백인들을 돕는 임시 정부 기관으로서 해방노예국을 설립했다. 본래 1년 동안 한시적으로 운영된 해방노예국은 백인이든 흑인이든 전쟁 난민에게 먹을거리와 의료 서비스를 제공하고 교육을 실시하며 자유민과 고용주 사이에서 품삯과 근로 조건 협상을 돕고 근로 계약을 중재하는 임무를 맡았다. 새로 가결된 법안에 따라 해방노예국의 운영이 3년 연장되었고, 여기서 한 걸음 더 나아가 학교와 병원, 그리고 다른 구호 작업을 위해 보다 많은 재정을 지원해 그 책임과 권한이 확대되었다. 또한 새로운 법안은 자유민의 권리를 보호할 수 있는 더 많은 권한을 해방노예국에 부여했다.

하지만 민주당원 대부분은 연방 정부가 주와 지방의 문제에 개입하지 않기를 바랐기 때문에 이와 같은 해방노예국의 권한 확대에 분개했다. 그들은 해방노예국이 사회복지 계획을 실행하기 위해서 남부 지주들에게 더 많은 세금을 부과하는 등 백인들을 희생시켜 흑인들을 돕고 있다는 존슨 대통령의 주장에 동조하고 있었다. 이들은

---

* 정식 명칭은 난민과 해방노예(자유민), 버려진 토지 관리청(Bureau of Refugees, Freedmen, and Abandoned Lands)인데, 보통 '해방노예국'이라고 줄여 부른다. 옛 남부 연합 지역의 사회 변혁을 도모하고 자유를 얻은 노예들의 생활을 보조하고자 1865년 미국 연방 정부가 설립한 한시적 기관이다.

흑인뿐만 아니라 많은 가난한 백인들도 해방노예국의 도움을 받았다. 설립 후 채 열 달이 되기 전에 밀가루, 옥수수 가루, 설탕 배급권 약 800만 개가 흑인 가족은 물론 백인 가족들에게도 배분되었다. - 존 T. 트로브리지, 『남부-전쟁터 및 폐허가 된 도시 여행』; 미국 의회 도서관

또한 해방노예국이 추진하는 지원 정책 때문에 옛 노예들이 정부의 구호를 받을 수 있으니 일할 필요가 없다고 생각하게 될 것이라며 우려했다.

"정부의 후원이 막대하게 증가하는 결과가 초래될 것이다."『펄래스키 시티즌』을 비롯한 남부의 주요 신문들은 해방노예국에 대해서 이렇게 비난했다. "게으르고 궁핍한 자유민들을 떠넘기는 방식으로 남부를 욕보이게 될 것이다. 공공이 부담하는 비용으로 지원받는 각종 단체에 흑인들이 몰려들고 있다."

그해 가을부터 겨울까지 존슨 대통령과 의회는 남부를 재건하는 방식을 두고 계속 반복해서 충돌했다. 1867년 3월, 공화당 의원들이

대통령과의 오랜 힘겨루기 끝에 재건과 관련된 두 건의 법안을 통과
시켰는데, 이에 민주당원들은 더욱 격분했다.(제3차 재건법은 그해
여름, 제4차 재건법은 1868년에 입안된다).

제1차 재건법과 제2차 재건법에 따라 남부 전 지역을 다섯 개
군정 지역으로 나누고, 각 지역은 장군이 통솔하게 했다. 새로운 지
방 정부와 주 정부가 제대로 수립되기 전까지 다섯 개 군정 지역에서
선거를 감시하고 시민의 생명과 재산권을 보호하기 위해서 연방 군
대를 주둔시켰다. 이에 남부 백인들은 연방 정부가 전시의 권한을 평

1867년 3월, 재건법은 남부를 각각 장군이 지휘하는 다섯 개 군정 구역으로 나누었다.

시에 이용하고 있다며 항의했다.

　새로운 재건법은 또한 주 제헌의회와 잇따른 선거에서 남부 흑인 남성의 투표권을 보장했다. 남부 백인들의 관점에서 이것은 순전한 위선이었다. 당시 흑인 남성에게 투표권을 부여한 곳은 북부에서도 고작 다섯 개 주에 불과했기 때문이다.(여성은 이보다 훨씬 뒤인 1920년에 이르러서야 투표권을 인정받는다.)

　게다가 이들 재건법에 따르면, 수정헌법 제14조를 비준하지 않는 한 남부의 어떤 주도 연방 재가입이 허락되지 않았다. 바꾸어 말해 미합중국의 일부가 될 수 없었다. 수정헌법 제14조는 미국에서 태어나거나 미국으로 귀화한 사람이면 누구든 시민이 됨을 인정하고 법 앞의 평등한 보호를 보장했다. 그리고 남부 각 주의 4분의 3 이상이 수정헌법 제14조를 승인할 때까지 군정이 계속된다고 규정하고 있었다.

　그해 봄에 의회가 제1차, 제2차 재건법을 통과시킬 무렵, 옛 남부 연합 지지자들 중 상당수는 이미 충성 맹세를 마치고 앤드루 존슨 대통령으로부터 개별적으로 사면을 받았다. 그런데 새로 제정된 재건법에 따르면 남부 연합의 지도자 중 일부는 남부의 각 주가 새로운 주 헌법을 비준하기 전까지 계속해서 투표권을 행사할 수 없었다. 이들을 비롯해 남부의 다른 백인들은 유권자 등록을 하는 흑인들을 분에 차서 지켜보았다. 아직 투표권을 되찾지 못한 일부 남부 연합 지지자들은 어떻게든 투표에 참여하고야 말겠다며 호언하기도 했다.

　신출귀몰한 전술로 이름 높은 남부 연합군의 기병대 장군이었던

백악관에서 존슨 대통령이 반란군을 사면하고 있다. 취임 후 몇 개월 지나지 않아 존슨 대통령은 남부 연합의 가장 유력한 인사들 중 7000명 이상을 특별 사면했다. 1867년까지 투표권을 되찾지 못한 남부 연합 인사들은 몇 명 남지 않았지만, 남부 백인들이 보기에는 이 몇 안 되는 수조차도 너무 많았다. - 『하퍼스 위클리』, 1866년 10월 27일; 미국 의회 도서관

네이선 베드포드 포리스트Nathan Bedford Forrest를 비롯한 남부 백인들은 연방 정부가 지켜야 할 선을 넘었다고 주장했다. "누군가의 투표권을 박탈할 수 있는 권한은 연방 정부에 없다고 생각합니다."라고 포리스트는 말했다. "그런 권한은 주 의회가 가지고 있지요." 다시 말해 누가 투표권을 가져야 하고 누가 가져선 안 되는지를 결정하는 권한은 주 정부에 있어야 한다는 주장이었다.

대다수 남부 백인들은 재건법으로 인해 심한 배신감을 느꼈다. 남군이 북군에게 항복할 당시, 그들은 정치적 권리와 투표권을 보장받으리라는 점을 추호도 의심치 않았다. "그들은 자신들의 선한 믿음이 배반당했다고 생각했습니다." 사우스캐롤라이나 주 출신의 옛 남부 연합 병사는 이

한때 노예 무역상이자 노예 소유주이기도 했던 네이선 베드포드 포리스트는 남북전쟁 중에 진급을 거듭해 장군이 되었다. 테네시 주 필로 요새에서 그가 지휘했던 남부 연합군 병사들이 흑인으로 구성된 연방군과 그들의 백인 사령관을 살육한 사건도 있었다. 긴급 공문에서 포리스트는 말했다. "본 사건을 계기로 깜둥이는 남부 사람들을 대적할 수 없다는 사실을 북부인들이 깨닫기를 바라마지 않는다." 전쟁 중에는 물론이고, 전쟁이 끝난 후에도 전혀 처벌받은 적이 없는 포리스트는 뒤에 앤드루 존슨 대통령으로부터 사면받았다. 필로 요새에서 정확하게 무슨 일이 일어났는지에 대해 오늘날 역사가들의 의견이 서로 분분하다. 누구는 연방군 사령관이 항복한 뒤에 대학살이 일어났다고 하고, 다른 사람들은 북군은 항복한 적이 없다고 주장하기도 한다. 그러나 북군이 항복을 했든 그렇지 않든, 남군에 의해서 글자 그대로의 대학살이 벌어졌다는 사실에 대해서는 역사학자들 대부분이 동의한다. - 미국 의회 도서관

자유민이 자신의 투표권을 행사하는 모습을 존슨 대통령과 남부 백인들이 성난 얼굴로 지켜
보고 있다. - 토머스 내스트, 『하퍼스 위클리』, 1867년 3월 16일; 미국 사회사 프로젝트

렇게 말했다.

게다가, 남부에 주둔한 양키 병사들을 지켜보면서 많은 남부 백인들이 분노했다. 전시도 아닌 평시에 군사 통치를 할 이유가 전혀 없다고 생각했다. 전후 사정을 파악하기 위해 남부 전역을 둘러보았던 한 북군 퇴역 장군은 억눌린 분함과 억울함을 어렵지 않게 감지할 수 있었다. 그는 "고집불통인 남자들이 여전히 거드름을 피우며 언젠가 남부 연합이 독립을 이룰 수 있다는 바람을 버리지 않고 있다."라고 보고서를 작성했다.

이 북군 출신 장군은 남부 백인 중 다른 계층에 속하는 이들에 대해서 다음과 같이 경고했다. "지성은 약하고 편견과 충동은 강한 사람들로서, 군중을 호도하는 방법을 잘 알고 있는 사람을 만나면 쉽게 휩쓸리고 이용당하는 경향이 있다."

워싱턴 정계가 들끓는 동안, 쿠 클럭스 클랜은 테네시 주 전역에서 빠른 속도로 성장하고 있었다. 1867년 4월, 최초의 소굴이 조직된 지 만 1년이 지난 시점에, 펄래스키 소굴의 의전을 담당하는 최고 책임자 그랜드 터크가 『펄래스키 시티즌』 편집국에 들렀다.

"방문객은 키가 족히 3미터 가까이 되어 보였고 흉측한 얼굴을 하고 있었으며 우아한 검은색 실크 가운으로 온몸을 숨기듯 감싼 모습이었다."라고 이제는 『펄래스키 시티즌』 편집장이 된 프랭크 매코드가 기사를 썼다. "피처럼 검붉은 장갑을 낀 손에는 마술 지팡이가 들려 있었다. 지팡이를 휘두르면 우리 모두가 그를 우러르게 되고 그

쿠 클럭스 클랜

지난 수요일 밤, 사무실에 앉아서 몇몇
친구들과 담소를 나누는데 정확히 12시
를 기해 누군가 문을 두드리는 소리가
들렸다. 들어오라고 외치자, 이내 문이
열리고 우리처럼 사신死神을 피할 수
없는 평범한 남녀가 여태껏 본 모습 중
가장 생경하고도 수수께끼 같은 생김
새를 한 사람이 우리의 안식처로 엄숙
히 걸어 들어왔다. 불현듯 그가 쿠 클
럭스 클랜의 그랜드 터크가 아닐까 하
는 생각이 뇌리를 스쳤다. 우리는 곧바
로 사냥 지팡이를 찾아 들고 방어 태세
를 취했다. 우리의 방문객은 키가 족히
3미터 가까이 되어 보였고 흉측한 얼
굴을 하고 있었으며 우아한 검은색 실
크 가운으로 온몸을 숨기듯 감싼 모습
이었다. 피처럼 검붉은 장갑을 낀 손에
는 마술 지팡이가 들려 있었다. 지팡이
를 휘두르면 우리 모두가 그를 우러르
게 되고 그가 내리는 어떤 명령에도 복
종하게 될 것만 같았다. 방문객이 거친

Kuklux Klan

On last Wednesday night, precisely at the hour of midnight, while we were sitting in our office conversing with several friends, we heard a tap at the door, and in response to our invitation to come in, one of the strangest and most misterious looking specimens of humanity ever seen by mortal man or woman opened the door and solemnly entered our sanctum. It occurred to us at once that this must be the Grand Turk of the Kuklux Klan. We laid hold of the shooting stick and at once placed ourself in a position of defence. Our visitor appeared to be about nine feet high, with a most hideous face, and wrapped in an elegant robe of black silk, which he kept closely folded about his person. He wore gloves the color of blood, and carried a magic wand in his hand with which he awed us into submission to any demand he might make. In a deep coarse voice he inquired if we were the editor. In a weak timid voice we said yes. We tried to say no, but a wave of his wand compelled us to tell the truth. (A wicked printer in the office suggests that we ought to have a wand waving over us all the time.) Whereupon the mysterious stranger placed his hand under his robe and handed us the communication given below, and without uttering another word bowed himself out.

MR. EDITOR :—If everything coming from the much abused "Kuklux Klan" is not to offensive to "the public," or injurious to the interests of your paper, I would be obliged that you would insert this notice.

RENDEZVOUS, NO. 2.
April 17th, 1867.

저음으로 우리가 편집인인지 물었다. 우리는 블릴락 말락 가만가만한 목소리로
그렇다고 대답했다. 속으로는 아니라고 부정하고 싶었지만 그가 지팡이를 휘두
르자 우리는 진실을 말할 수밖에 없었다.(사무실에 함께 있던 한 짓궂은 인쇄
공이 우리에게는 항상 우리를 부르는 지팡이가 필요하다고 말하기도 했다.) 이
기이한 손님은 가운 안에 손을 넣더니 다음과 같이 쓰인 쪽지를 꺼내 우리에
게 건네고, 이내 한마디 말도 없이 고개만 한 번 숙여 보이고 나가 버렸다.

편집장 귀하.
많은 오해를 받고 있는 '쿠 클럭스 클랜'에 관한 어떤 것이 '대중'에게 실례
가 되지 않는다면, 그리고 귀 신문사의 이해에 반하지 않는다면 이 공고문을
제재해 주시면 대단히 감사하겠습니다.

두 번째 만남
1867년 4월 17일

가 내리는 어떤 명령에도 복종하게 될 것만 같았다."

　매코드에 따르면 그랜드 터크는 그랜드 사이클로프스가 작성한 공고문을 신문에 게재하라고 그에게 명령했다고 한다. 이 공고문은 클랜의 비밀스러운 성격에 대해 섣부른 결론을 내리지 말라고 대중에 요청했다. "시간이 무르익으면 쿠 클럭스 클랜의 목적이 드러날 것이다."라고 그랜드 사이클로프스가 약속했다. "시간이 경과할 때까지 '대중'은 인내심을 가지고 기다리길 바란다."

　『펄래스키 시티즌』의 독자들은 펄래스키 소굴의 그랜드 사이클로프스가 이 공고문을 이용해 테네시 주 내슈빌에서 열릴 비밀 집회에 대표자를 보내라고 다른 클랜 소굴들에 요청한 사실을 거의 알아채지 못했다.

쿠 클럭스 클랜이 결성된 뒤, 펄래스키에서 발행되는 지역신문에서 이와 같은 기사들이 심심치 않게 실렸다. 이 신문사의 발행인은 클랜의 창설 단원인 프랭크 매코드의 형 루서 매코드였다. - 『펄래스키 시티즌』, 1867년 4월 19일

"처음 한밤중에 어머니 집에 왔을 때 자기들이 죽었다가 되살아 온 병사들이라더군. 모두 하나같이 침대보로 몸을 감싸고 귀신처럼 분장했습디다. 낮은 신음을 내면서 자신들은 억울하게 죽었고 정의를 바로잡으려고 돌아왔다나. 한 남자는, 처음에는 그냥 보통 사람처럼 보였는데, 갑자기 5미터도 넘게 높이 솟구치더군. 다른 남자는 머내서스 네거리에서 살해당한 뒤로 물을 먹지 못해서 몹시 목이 마르다고 하고…… 우리더러 곧바로 주인에게 돌아가지 않으면 어떤 일이 벌어질지 경고했다오."

로렌자 이젤
1937년 사진을 촬영할 당시 그는 87세였다. 이젤 씨가 17세였을 때 그와 그의 가족은 일자리를 찾아 사우스캐롤라이나 주에 있던 옛 주인의 대농장을 떠났다.(미국 의회 도서관)

4장

"아마 지금쯤 제 몸에는
구더기가 들끓고 있었을 겁니다."

1867년 4월, 테네시 주 전역에서 파견한 클랜의 지도자들이 내슈빌 시를 찾아와 맥스웰 하우스라는 고급한 신축 호텔에 체크인 했다. 며칠 지나지 않아 이번에는 테네시 주의 유력한 민주당원들이 가을로 예정된 지방 및 주 선거의 후보를 선출하는 주 전당대회를 앞두고 속속 내슈빌에 당도했다. 한 도시에 모인 클랜과 민주당의 유력 인사들, 언뜻 보면 우연한 만남인 것 같지만 사실 여기에는 엄청난 비밀이 숨겨져 있었다. 민주당원들이 내슈빌에 소재한 여러 호텔에 투숙할 당시, 과연 이 중요한 당 지도부 인사들 중에서 누가 쿠 클럭스 클랜의 통옷을 입고 모자를 썼을지 외부인으로서는 전혀 알아낼 길이 없다.

다만, 사학자들은 이 두 모임의 집회가 같은 시기에 같은 장소에서 열렸다는 점이 의미심장하다고 본다. 이것은 남부의 민주당원들

1865년경에 촬영한 맥스웰 하우스 호텔. 1867년 봄, 비밀리에 클랜의 재조직 모임이 열린 장소다. - 테네시 주립 도서관 및 기록 보관소

이 쿠 클럭스 클랜과 결탁을 꾀했음을 시사한다. 그렇게 해서 공화당 정권을 전복하고 재건 정책을 둘러싼 갈등에서 주도권을 잡을 수 있을 만큼 충분히 강력한 비밀 제국을 세우고자 했다. 이제 쿠 클럭스 클랜은 더 이상 단순한 사교 모임이 아니었다. 내슈빌에서의 비밀 회합을 통해 일종의 준군사 조직으로 변모하고 있었다.

내슈빌에서 클랜 지도부는 조직의 정비를 요구했고 시급한 선결

클랜 지도부는 매우 신중해서 규약 어디에도 '쿠 클럭스'라는 명칭을 사용하지 않고 대신 별표(★ ★)로 표기했다. - 『KKK단 보고서』에서 재인쇄, 플로리다 주 외 다양한 사항, 35쪽

*   셰익스피어의 희곡 『햄릿』 1막 4장에 나오는 햄릿의 대사.
**   로버트 번스의 시 「악마 전상서」 중 일부.

사람들은 이해하지 못하는 것을 비방한다

★★의 규약

무슨 의미가 있겠는가,
이미 죽은 시체인 그대가 갑옷을 다시 입은들,
다시 돌아와 달을 올려다본들,
밤을 두려워하게 만들고 초자연적인 두려움으로
우리 인간을 뒤흔들어 놓은들,*

이제, 이 늙은 악마여, 나는 네가 무엇을 생각하는지 알고 있다,
노래하며 술을 마시는 시인
불운한 시간이 오면 그는 성급하게 빠져들겠지
녀의 바닥없는 검은 수렁으로,
그러나 기다려라, 그가 녀를 속여서 교묘히
빠져나갈 것이다**

인류의 벗.

신조

우리, ★★는 하나님의 위엄과 지고성을 경건히 인정하는 바이며, 아울러 이
와 함께 그분의 선함과 섭리를 믿사옵나이다.

서문

우리는 우리와 미합중국 정부와의 관계를 잘 인식하고 있으며, 그 법률의 우위
를 인정합니다.

Damnant quod non intelligunt.

PRESCRIPT OF THE ★★

What may this mean,
That thou, dead corse, again, in complete steel,
Revisit'st thus the glimpses of the moon,
Making night hideous, and we fools of nature
So horribly to shake our disposition
With thoughts beyond the reaches of our souls!

An' now auld Cloots, I ken ye're thinkin'
A certain *Ghoul* is rantin', drinkin'
Some luckless wight will send him linkin'
To your black pit;
But, faith! he'll turn a corner jinkin'
An' cheat you yet

Amici humani generis.

CREED.

We, the ★★, reverently acknowledge the majesty and supremacy of the Divine
Being, and recognize the goodness and providence of the same.

PREAMBLE.

We recognize our relations to the United States Government, and acknowledge the
supremacy of its laws.

과제를 해결하기 위해 분주했다. 다시 말해 전체 소굴을 이끌 원칙을 제정하는 일에 몰두했다. 그리고 쿠 클럭스 클랜은 이렇게 정한 조직의 원칙을 '규약'이라고 부르는 자체의 비밀 헌법 형태로 요약해 두었다.

신조와 서문에서 클랜은 하나님과 조국을 위해 헌신하자며 다음과 같이 기록했다. "우리, * * [쿠 클럭스]는 하나님의 위엄과 지고성을 경건히 인정하는 바이며, 아울러 이와 함께 그분의 선함과 섭리를 믿사옵나이다. 우리는 우리와 미합중국 정부와의 관계를 잘 인식하고 있으며, 그 법률의 우위를 인정합니다."

이런 신조는 일견 애국심 어린 신념인 듯 보이지만, 실상 쿠 클럭스 클랜이 지지한 것은 백인에 의해, 백인종만을 위해 설계된 미국이었다. 클랜의 관점에서 볼 때, 미국의 독립선언문과 헌법에는 백인 이외에 다른 인종이 포함되어 있지 않았다. 다시 말해 "만인은 평등하게"* 태어났다는 말에서 '만인'이란 문자 그대로의 모든 사람이 아니라 백인만을 의미했다. 백인들이 다른 모든 인종 위에 군림하는 것이 하나님의 뜻이라고 믿었다. 따라서 쿠 클럭스 클랜은 백인이 아닌 다른 인종의 사람들에게 시민의 자격, 시민으로서의 권리와 특권을 부여하는 모든 법률이 미합중국 헌법과 합치하지 않을 뿐만 아니라 하나님의 계획에도 반한다고 간주했다. 바꾸어 말해, 미국인으로서

---

* 미국 독립선언문은 다음과 같이 선언한다. "만인은 평등하게 창조되었으며, 창조주로부터 누구에게도 양도할 수 없는 권리를 부여받았고, 그 권리 가운데 생명권, 자유권, 행복을 추구할 권한이 포함된다는 사실이 자명하다고 우리는 믿는다."

토머스 내스트가 그린 이 풍자화 속에서 성경 수업은 오직 백인 어린이들에게만 허락된다. 이 카툰은 1868년에 출간된 「켄터키로부터의 메아리」라는 책에 수록되었다. 이 책을 지은 데이비드 로스 로크는 백인 우월주의자들의 위선에 대해서 논평했다. - 미국 의회 도서관

금지

제 12조. 본 * 의 기원, 도안, 수수께끼 및 의식은 절대로 글로써 남기지 않으며, 이상은 오직 구술로만 전달된다.

(오 시간이여! 오 세습이여!)

기록부

I -첫째, 음산한. 둘째, 어두운. 셋째, 격노한. 넷째, 불길한. 다섯째, 멋진. 여섯째, 걱정스러운. 일곱째, 무시무시한. 여덟째, 끔찍한. 아홉째, 소름끼치는. 열 번째, 우울한. 열한 번째, 애통한. 열두 번째, 죽어 가는.

II -I. 흰색. II. 녹색. III. 파란색. IV. 검은색. V. 노란색. VI. 진홍색. VII. ---.

III -1. 두려운. 2. 깜짝 놀랄. 3. 비참한. 4. 통탄할. 5. 무서운. 6. 피비린내 나는. 7. 애절한. 8. 슬픈. 9. 흉측한. 10. 지독한. 11. 처참한. 12. 잃어버린.

INTERDICTION.

ART. XII. The origin, designs, mysteries, and ritual of this * shall never be written, but the same shall be communicated orally.

(O tempora! O mores!)

REGISTER.

I.—1st. Dismal. 2d. Dark. 3d. Furious. 4th. Portentous. 5th. Wonderful. 6th. Alarming. 7th. Dreadful. 8th. Terrible. 9th. Horrible. 10th. Melancholy. 11th. Mournful. 12th. Dying.

II.—I. White. II. Green. III. Blue. IV. Black. V. Yellow. VI. Crimson. VII. ——.

III.—1. Fearful. 2. Startling. 3. Awful. 4. Woeful. 5. Horrid. 6. Bloody. 7. Doleful. 8. Sorrowful. 9. Hideous. 10. Frightful. 11. Appalling. 12. Lost.

신문에 실리고는 했던 수수께끼 같은 공고문에서, 클랜 지도부는 월, 일, 시를 표시할 때 '기록부'라고 부르는 위와 같은 암호 체계를 이용했다. 예를 들어, '음산한 시대, 네 번째 녹색의 날, 잃어버린 시각'이라고 하면, 이는 '1월 네 번째 월요일, 12시'를 의미한다. 이 '기록부'는 클랜이 발행하는 규약 안에 포함되어 있다. - 「KKK단 보고서」에서 재인쇄, 플로리다주 외 다양한 사항, 41쪽

향유하는 권리와 미국 시민이라는 신분은 본래 백인에게 주어진 몫이라는 것이다.

클랜의 지도자들은 쿠 클럭스 클랜의 힘이 전적으로 단원의 충성과 비밀주의에 달려 있다고 보았다. 모든 단원은 비밀, 신호, 악수, 암호, 다른 단원의 신원 등을 포함해 조직에 대해서 알게 된 모든 정보를 누설하지 않겠다고 서약했다. 클랜의 지도자들은 또한 날짜를 표시하는 수수께끼 같은 자체 암호를 만들어 그들의 집회가 열리는 날짜가 정확하게 언제인지 외부인들은 전혀 알 수 없게 조처했다.

이렇게 해서 공식 규약을 완성한 후, 쿠 클럭스 클랜은 스스로를 '보이지 않는 제국'이라는 별칭으로 불렀다. 클랜이 향후 남부 전역으로 확대되리라는 분명한 예측 아래, 그 지도자들은 제국을 왕국, 영지, 지방 등 단계별로 분할하여 구분했다. 다시 말해 이것은 주, 의회 선거구, 카운티를 갈음하는 행정구역에 해당했다. 요컨대, 쿠 클럭스 클랜은 나라 안의 나라로서, 자체의 헌법과 지도자, 법률, 경찰 조직을 갖춘 그림자 정부로 변모했던 것이다. 오직 백인만이 정부와 사회를 구성하는 모든 분야를 통제할 수 있다는 것이 그림자 정부의 기본 원칙이었다.

새롭게 구분한 행정 구역을 관할하기 위해서 클랜 지도부는 더 많은 직위를 고안하고 그 각각에 알쏭달쏭한 분위기가 나는 직함을 붙였다. 그랜드 드래건Grand Dragon은 왕국(주)을 이끌고, 여덟 명의 히드라Hydra가 드래건을 보좌한다. 그랜드 타이탄Grand Titan은 영지(선거구)를 대표하며, 여섯 명의 퓨리Fury가 그를 보좌한다. 끝으로 그랜드 자이언트Grand Giant는 각각의 지방(카운티)을 이끌며 네 명의 고블린Goblin이 그를 돕는다.*

지방, 즉 각 카운티 산하에는 여러 개의 소굴을 둘 수 있는데, 그 각각의 소굴은 그랜드 사이클로프스가 이끌며, 연락책 역할을 맡은 두 명의 나이트 호크가 그를 보좌한다. 각각의 소굴에는 지휘 계통상 각각 두 번째, 세 번째 지위를 차지하는 그랜드 매지와 그랜드 몽크Grand Monk, 비서 역할을 하는 그랜드 스크라이브Grand Scribe, 재무관 역할을 하는 그랜드 익스체커Grand Exchequer를 둔다. 클랜의 평단원들은 굴Ghoul이라 불렀다.**

존 레스터로 대표되는 여섯 명의 쿠 클럭스 클랜 초대 단원들은 1867년 4월의 조직 재편에 대해 만족하면서도 몇몇 신생 소굴이 상부의 통제를 벗어나 클랜 조직으로서는 용서할 수 없는 끔찍한 행위와 폭력을 저질렀다고 인정했다. 레스터는 어떻게든 단원 자격을 얻어 냈던 나쁜 사람들을 비난했다. 그는 "〔클랜 지도부는〕 한편으로는 단원들을 규율하고 통제하려고 노력했고, 다른 한편으로는 이 사회의 악을 처단하고 질서를 바로잡기를 원했습니다."라고 주장했다.

내슈빌 집회가 끝난 후 클랜 대표들은 각자 고향으로 돌아갔다.

---

* 히드라는 고대 그리스 신화에 등장하는 괴물로 머리가 아홉 개 달린 뱀이다. 타이탄은 그리스 신화에 나오는 거인족의 신이며, 퓨리는 '분노'라는 뜻으로 세 자매인 복수의 여신(furies)을 가리키기도 한다. 고블린은 잉글랜드 신화에 등장하는 못생긴 난쟁이 형상의 정령으로 장난을 좋아한다.
** 몽크는 수도사, 스크라이브는 서기, 익스체커는 재무부 또는 국고(國庫)를 뜻한다. 굴은 무덤에서 시체를 훔쳐 먹는다고 전해지는 악귀이다.

클랜의 규약을 작은 인쇄소에서(내슈빌의 인쇄소였을 가능성이 높다.) 비밀리에 인쇄했고 각 소굴의 그랜드 사이클로프스에게 그 사본을 배포했다. 각 소굴은 규약 한 부당 10달러, 오늘날의 가치로 145달러를 지불했다.

이처럼 규모가 방대해진 '보이지 않는 제국'에는 이제 보다 강력한 지도자가 필요했다. "우리는 포리스트 장군을 선택했습니다."라고 클랜의 창립 단원인 제임스 R. 크로가 말했다.

그리고 네이선 베드포드 포리스트(앞서 연방 정부의 월권을 주장했던 그 네이선 포리스트)가 보이지 않는 제국에 대한 지휘 통솔권을 수락했다고 알려져 있다. "동정심도 없고, 두려움도 모르는" 불굴의 사나이로 묘사되던 포리스트는 기병대를 이끌었던 남북전쟁 당시의 전공戰功 덕분에 동료 병사들로부터 '안장 위의 마법사'Wizard of the saddle라는 별명으로 불렸던 인물이었다. 그랬던 포리스트가 이제 쿠 클럭스 클랜의 최고위직인 그랜드 위저드의 직위를 얻게 된 것이다. 클랜 최고위 직함이 이렇게 결정된 것은 과거 전쟁에서 얻었던 포리스트의 별명과 무관하지 않을 것이다. 열 명의 지니Genie***로 구성된 심의회가 그의 자문 역할을 했다.

훗날 포리스트는 클랜 내에서 자신이 담당했던 역할을 전면 부인했다. 다만, 전쟁으로 폐허가 된 남부에서 질서를 되찾기 위해서

*** 원래 아랍 신화에 등장하는 요정으로 서유럽 문화권에서도 자주 보인다. 클랜은 켈트 신화를 차용하는 경우가 많았으므로, 여기서 지니는 켈트족 신화에 나오는 수호 정령을 의미했던 것으로 짐작된다.

는, 설혹 그것이 사적 제재, 즉 공공 기관이 아닌 사적 단체에 의한 법 집행을 의미한다 할지라도 쿠 클럭스 클랜과 같은 자경단이 필요했다며 클랜의 존재를 합리화했다. "남부인들이 느끼는 불안감은 엄청났습니다."라고 포리스트는 설명했다. "북부인들이 숱하게 쳐내려와 온 나라 안에서 동맹(공화당의 정치 모임)을 결성하고 있었습니다. 깜둥이들이 야간 집회를 열고, 함부로 여기저기 나다니는 데다 날이 갈수록 건방이 심해졌습니다. 때문에 남부 각 주에서 모든 사람들의 경각심이 높아질 수밖에 없었습니다."

포리스트를 그랜드 위저드로 영입하면서부터 쿠 클럭스 클랜의 구성원들은 장성부터 기병에 이르기까지 남부 연합의 퇴역 병사들로 채워지기 시작했다. 이들은 남북전쟁 중에 공동의 유대로 한데 묶인 바 있는 사람들이었다. 클랜은 아울러 부유한 농장주부터, 영세농이나 가난한 노동자까지, 의사나 변호사, 판사나 보안관, 상인, 성직자와 교회 구성원, 교육자와 학자까지 실로 각계각층에서 단원을 충원했다. 비록 그 배경은 다양하지만 이들은 모두 제한된 정부와 백인의 우월성에 대한 믿음, 흑인이 백인과 동등한 권리와 특권을 누리게 된다면 백인들은 그에 상응하는 실질적인 피해를 보게 될 것이라는 근거 없는 두려움으로 한데 뭉쳤다. 아울러 그들은 제 손으로 남부를

여기서 소개하는 세 가지 주택 삽화는 남부 백인들의 서로 다른 경제적 배경, 즉 미시시피 강변에 자리 잡은 부유한 대농장주의 저택과 아칸소의 농가, 그리고 미시시피 강변 백인 노동자의 판잣집을 묘사하고 있다. 일부 노동사학자들은 하위 계층(가난한 백인과 흑인)이 임금 인상 등을 위해 단결하는 것을 원치 않는 부유한 남부 백인들이 클랜의 폭력 행사를 반겼다고 주장하기도 한다. - 미국 의회 도서관

복구하고자 했다.

포리스트는 클랜 가입을 결정함에 있어 선별 과정을 거쳤다고 주장했다. "신사가 아니거나 행동거지가 신중하다는 믿음을 주지 못하는 사람이라면 가입을 인정하지 않았습니다."라고 포리스트는 말했다. "음주벽이 있거나 지나치게 나대는 사람, 실수를 저지르거나 범법 행위를 저지를 가능성이 있어 보이는 사람들 역시 가입이 인정되지 않았습니다."

그러나 실상 클랜은 포리스트의 주장처럼 단원을 가려 받지는 않았다. "이웃에 사는 거의 모든 이들이 그 조직에 가입했었지요."라고 27세에 클랜에 가입했던 W. P. 버넷이 말했다. 그는 사우스캐롤라이나 주 출신으로, 읽고 쓰는 법을 배우지 못했다. "[지도부가] 가난한 사람들을 자꾸 거기에 밀어 넣었고, 그들한테 [공격에] 나서라고 시켰어요. 나도 꾐에 넘어가 가입했어요. 사람들이 우리 집에 와서는 가입하지 않으면 5달러를 벌금으로 내야 하고 게다가 채찍으로 쉰 대를 맞게 될 거라고 겁주었거든요."

1867년 여름 한철 동안 새롭게 조직을 개편한 클랜은 수차례에 걸쳐 자유민, 그리고 자신들이 추구하는 정책에 동조하지 않는 사람들에게 그들의 위세를 보여 주고 겁줄 양으로 집회를 열고 행진을 추진했다.

앨라배마 주 애선스에서 대니얼 콜먼(달빛 아래 소풍 나왔다가 클랜과 마주쳤던 그 대니얼 콜먼)은 철도마차에서 내리자마자

100명은 족히 될 만한 변복한 남자들이 말을 타고 행진하며 거리를 내려오는 모습을 발견했다. 그들은 마치 잘 훈련된 기병대처럼 정확하게 열을 맞추어 절도 있게 행진했다.

콜먼은 그 광경을 보고 흡족했다고 말했다. "그 조직은 신비감을 풍기니까, 〔범법자들이〕 더욱 겁을 집어먹을 거라고 생각했지요. 한밤에 말을 타고 다녔고, 혼령이나 유령처럼 이 세상 존재가 아닌 듯 꾸몄으니 효과가 좋을 수밖에요. 그 의도가 나쁘지 않아 보였어요."

지역신문들은 굴처럼 차려입고 말을 탄 채 행진했던 남자들을 짓궂은 개구쟁이로 묘사하며, 이 모든 상황을 진지하게 받아들이지 않은 채 집회와 행진에 대해서 비나리 치는 기사만을 썼다. 이런 이야기들이 그대로 북부의 신문을 통해서도 보도되면서 독자들의 상상력을 자극했다. 심지어 어떤 작가는 클랜 단원들에 대해 "그들이 사용하는 가구는 인간의 해골로 만들었는데, 즐비한 해골과 관으로" 둘러싸인 채 "마치 지구의 내장 같은 동굴에서" 어둠의 집회를 열고 있다고 묘사하기도 했다.

한편, 베일에 싸인 클랜 단원들을 악행을 저지르는 자들에게 대항하는 자경단과 같은 영웅으로 묘사하고, 망토를 두른 십자군이라며 낭만적으로 미화하는 신문도 있었다. "인민을 괴롭히는 독재자나 압제자가 등장하면 KKK가 언제나 머리를 든다."라고 『뉴욕 월드』 *New York World*의 한 기자는 썼다. "전사한 남부 연합의 병사들이 한밤중에 깨어나 창백한 여단을 이루어 그들의 가족을 괴롭히는 악인들을 혼내 주는 것은 아닐까라는 해석이 나오고 있다."

남부의 일부 지역신문에는 회생자에게 보내는 무시무시한 경고
장이 실리기도 했는데, 흔히 '관 경고장'이라고 불렀다. 제삼자가 보
기에 이런 경고문은 실없는 협박처럼 보였다.

상사와 전갈이 준비를 마쳤으니
누군가는 흐느끼고 누군가는 기도할 테지.
두개골을 영접하라
늑대의 잔치와
숨죽인 해골들의 춤을 맞이하라.

- - - - - - - - - - - - - - - - -

죽음의 시간은 정해졌고
마지막 순간은 다가오고 있다.
달이 차오른다.

- - - - - - - - - - - - - - - - -

녀의 수의는 산산이 찢어졌고
반딧불이 소굴에서 만나면
죄지은 자 벌을 받을지니

그러나 클랜의 실제 협박은 전혀 실없지 않았다. 앨라배마 주 터스컬루사 시에서 소굴을 이끌었던 한 사이클로프스는 이런 경고문의 효과에 대해서 헛자랑을 늘어놓았다. "이런 경고장이 나붙은 날 밤이면," 하고 라일랜드 랜돌프Ryland Randolph는 말을 시작했다. "특히 눈에 잘 띄는 건방진 깜둥이 세 녀석을 잠자던 침대에서 끌어내어 옛 무덤터로 끌고 갔지요. 그러고는 전쟁 전과 똑같은 방식으로 호되게 매질했어요. 꼴같잖은 그 깜둥이 녀석들의 자존심이 폭삭 주저앉을 때까지, 그리고 백인을 대하는 겸손을 다시 찾을 때까지 말이에요."

다음 한 해 동안, 집회와 행진, 그리고 우호적인 신문 기사 덕분에 '보이지 않는 제국'의 가시성은 날로 증가했고, 그만큼 단원 수도 늘어났다.

그랜드 위저드인 네이선 베드포드 포리스트는 보험사 외판원과 철도 투자자라는 직업을 십분 활용해 남부 전역을 광범하게 여행했다. 덕분에 클랜을 널리 홍보할 기회를 충분히 누렸다. 그가 여행하는 남부의 각 주에 잇따라 클랜 경고문이 나붙고, 더불어 새로운 소

사진 속 인물은 거침없는 기사로 유명한 신문 편집인이자 클랜 지도자였던 라일랜드 랜돌프이다. 그는 "남부의 여러 주 위로 마치 악몽처럼 피어오른 뻔뻔한 전제정치"와 "흑인 우월주의를 수립해서 백인의 격을 떨어뜨리려는" 공화당의 불순한 의도에 대한 글을 썼다. - 테네시 주립 도서관 및 기록 보관소

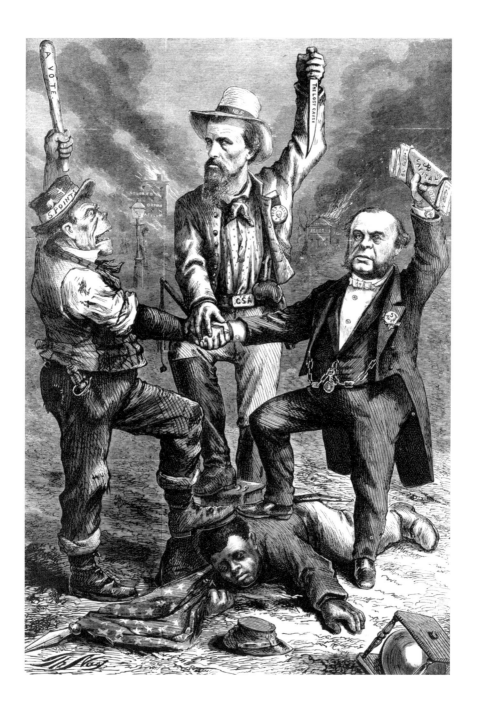

굴이 생겨났다는 사실은 결코 우연일 수 없다.

18세 이상의 백인 남성만이 쿠 클럭스 클랜의 단원이 될 수 있었다. 하지만 한 소굴에서 다른 소굴로 메시지를 전달하거나 법망을 피해 클랜 단원을 숨겨 주고 가짜 알리바이를 만들어 주며 '밤의 기마단'을 위해 식사를 준비하면서 활동을 지원했던 여성들도 큰 몫을 담당했다. 게다가 흰색, 붉은색, 검은색의 호사스러운 통옷에서부터 조악한 복면에 이르기까지 단원들이 갖추어야 할 의복을 바느질해서 만들어 내는 일 역시 여성들의 몫이었다. 특히 모자나 두건에는 달이나 별, 뿔 등을 정교하게 장식하기도 했다.

테네시 주 팁턴 카운티에서 어느 백인이 물건을 사러 상점에 들렀다가 클랜 단원이라고 알려진 남자들의 아내 몇몇이 뒷방에 모여 의상을 바느질하는 광경을 우연히 보는 바람에 클랜 조직과 난처한 관계를 맺게 되었다. "나를 지켜보고 있노라고 [그들이] 말했습니다. 무엇이라도 내가 입을 벙끗할 때에는, 그랬다는 소문이라도 들리는 날엔 나를 저세상으로 보내 버리겠다고 단언했지요." 제이컵 데이비스는 이렇게 증언했다.

쿠 클럭스 클랜이 새 단원을 모집할 때에는 철저하게 배경을 확인했던 것으로 짐작된다. 일단 사전에 가입이 승인되면, 신입 단원들의 눈을 가린 채 외딴 숲 속이나 버려진 농가같이 으슥한 회합 장소

삽화가 토머스 내스트는 이 그림에서 네이션 베드포드 포리스트를 비롯해, 흑인 미국인들의 생명과 권리를 위협하는 백인 우월주의 지도자들을 묘사하고 있다. -「하퍼스 위클리」, 1868년 9월 5일; 미국 의회 도서관

로 데려갔다. 회합 장소는 소굴에 따라 달랐기 때문에 가게의 뒷방처럼 시내에서 만나는 소굴도 있었고, 플로리다의 한 소굴은 잡화점 위층에서 모임을 갖기도 했다. 복장을 갖추어 입은 단원들 사이에서 신입 단원은 무릎을 꿇고 앉아 클랜의 맹세를 암송했다.

클랜 단원들은 소굴마다 동료 단원을 구분할 수 있는 암호 체계를 만들었다. 예를 들어, 낯모르는 사람을 만난 클랜 단원이 오른쪽 귀 위로 손을 올려 자기 머리를 만진다. 만약 이 낯선 손님 역시 같은 소굴 소속이라면, 왼쪽 귀 위로 손을 들어 머리를 만지는 것으로 답을 한다. 또는 외투의 오른쪽 옷깃을 만지면서 "혹시 핀 하나 얻을 수 있을까요?"라고 물어보면 동료 클랜 단원은 자신의 왼쪽 옷깃을 왼손으로 만지는 비밀 몸짓으로 대답한다. 야심한 밤에 모임에 참석할 경우 클랜 단원이 "I-S-A-Y."라고 철자를 하나하나 말하면, 상대편 단원은 답 신호로서 "N-O-T-H-I-N-G."라고 말했다.

나이트 호크라고 부르는 소식꾼들은 유권자 등록을 한 흑인들, 교사나 목사로 활동하는 흑인들, 클랜의 관점에서 당돌하거나 건방지다고 여겨지는 흑인들, 그리고 공화당에 투표하거나 흑인들의 처지를 동정하거나 흑인들과 어울리며 소위 '인종 예절'을 위반하는 경우에는 백인들까지도 뒤를 캐고 정보를 수집했다. 한편, 아내를 때리거나 일요일에 술을 팔거나 매음굴을 찾는 남자들, 드물게는 어머니 말을 듣지 않는 어린 소년들에 관해서도 보고했다.

"쿠 클럭스는 스스로를 범법자라고 생각하지 않았습니다. 외려 법 집행자라고 여겼지요."라고 앨라배마 주 어느 소굴의 그랜드 사이클로프스였던 라일랜드 랜돌프가 말했다.

일주일에 한 번 모임을 가질 때면 클랜 단원 모두가 각각의 사례에 대해서 경청한 뒤 투표했다. 다수결로 제재가 의결되면, 결정된 명령을 수행할 단원들, 다시 말해 경고나 채찍질 또는 살해 임무를 수행할 단원들을 정한다. 우선은 희생자를 찾아가 경고하는 것이 통례이다. 두 번째 방문은 채찍질, 세 번째 방문은 죽음을 의미한다. 그러나 실제로는 소굴에 따라, 그리고 희생자의 피부색에 따라서도 실행 방식이 달랐다. 백인이라면 대개 경고를 먼저 하지만, 흑인에 대해서는 사전 경고 없이 바로 채찍질을 가하거나 다짜고짜로 죽이기까지 했다.

말을 타고 다녔던 한 클랜 소굴의 경우에는 하룻밤 사이에 40~50킬로미터까지 이동할 수 있었다. "공격을 야간 여행이라고 불렀지요." 클랜 무리에게 권총으로 얻어맞은 적이 있는 노스캐롤라이나 주 의원 제임스 저스티스는 이렇게 설명했다. "단 하룻밤 사이에 무려 스무 가지가 넘는 위법 행위를 저지르기도 했습니다." 저스티스는 그가 살았던 카운티 한 곳에서만 거의 1년 동안 클랜이 저지른 폭력 행위가 수백 건에 달했는데 이웃 카운티에 비하면 그나마도 약과였다고 말했다.

클랜이 습격할 때에는 항상 수로써 상대를 압도했다. 때로 마흔 명 이상이 한 명의 희생자를 괴롭히기도 했다. 희생자를 공격하는 동안 일부 클랜 단원들은 연극이라도 하듯 연기하기도 했다. 외국어 억양을 가짜로 흉내 내거나 개소리괴소리를 의미 없이 떠지껄이면서,

이 그림에서 묘사된 복장은 노스캐롤라이나의 한 소굴이 습격을 감행할 당시 포착되었다.
- 그린 라움, 『공화당 정부와 남부 과두정치 사이의 현전하는 갈등』, 157쪽

달에서 왔다는 둥 남부 연합군의 묘지에서 살아 나왔다는 둥 지옥의 심연에서 복수하러 찾아왔다는 둥 횡설수설했다.

앨라배마 주에서 66세의 백인 남성을 위협했던 두 명의 클랜 단원은 흰색과 검은색 줄무늬가 있는 앞치마를 두르고, 가짜 턱수염과 콧수염을 붙였다. 그들이 침실 안을 어슬렁대면서 마치 어디선가 고약한 악취라도 난다는 듯 희생자의 침대 주위에서 코를 킁킁거리며 냄새 맡는 시늉을 할 때에는 가짜 수염이 괴상하게 일그러지고는 했다. 그 '악취'의 원인은 바로 새뮤얼 호턴이었다. 당시 호턴은 공화당을 지지하는 데다 한 술 더 떠 어떤 민주당원에게 불리한 증언을 하

려고 마음먹고 있던 터였고, 재판을 앞두고 판사의 저택에서 밤을 보내고 있었는데 아마도 신변 보호를 위한 조치였던 것 같다.

첫 번째 클랜 단원이 날카로운 목소리로 물었다. "그는 뚱뚱한가?" 이에 두 번째 목소리가 "네."라고 답했다.

"그렇다면 그를 먹어 치우자." 첫 번째 남자가 다시 말했다.

다소 두렵기는 했지만, 호턴은 다음과 같이 말하며 유머로 대응했다. "이보시오, 신사 양반들. 난 이미 어지간히 늙었다오. 씹어 먹기에는 꽤 질길 거요."

때마침 호턴에게 행운이 따랐는지 예의 판사가 그의 방으로 들어왔고, 당장 나가라며 클랜 단원들에게 호통을 쳤다. 당시 두 남자는 판사의 요구대로 떠났지만, 뒤에 다시 호턴을 찾아와서 동네를 떠나지 않는다면 채찍 맛을 보게 될 것이라고 위협했다.

습격을 할 때는 실제 이름을 부르지 않았고, 공격에 참여하는 클랜 단원 각자에게 숫자를 붙여 불렀다. 서로에게 신호할 때에는 호루라기를 이용했다. 세 번을 세게 불면 경고의 뜻이었고, 네 번은 도움을 요청하는 신호였다.

클랜 단원이라면 다른 단원에게 도움이 필요할 때 의무적으로 서로를 도와야 했다. "우리는 그들을 위해서, 그들이 곤란에 처했을 때 돕겠다고, 무슨 일이든 하겠다고 맹세해야 했습니다."라고 노스캐롤라이나 주의 22세 청년 존 해릴이 말했다. "설사 다른 동료를 위해서 법정에서 위증해야 하는 경우에도 말입니다."

클랜이라는 조직의 힘은 비밀주의와 더불어 상부의 명령에 대한 무조건 복종에서 나왔다. "우리는 모든 명령에 복종해야 했습니다." 19세에 노스캐롤라이나 주의 어느 소굴에 가입했던 제임스 그랜트가 말했다. "대장이든 누구든 누군가를 매질하거나 살해하기로 마음먹으면 협의회가 그 문제에 대해서 심의합니다. 그러고는 어떻게 처리할지, 구체적으로 매질을 할지 아니면 죽여 버릴지, 살해하기로 한다면 교수할지 아니면 배를 찌르거나 목을 베어 버릴지 혹은 물에 빠뜨려 죽일지를 결정합니다."

클랜 단원들은 외부에 그 조직과 의식, 단원에 관한 정보를 누설하는 자는 심지어 동료라 하더라도 살해하겠다고 맹세했다. 명령을 따르지 않고 거부하거나 탈퇴하려고 하는 미온적인 클랜 단원은 채찍으로 매맛을 보거나 심하면 살해당할 거라는 위협을 받기도 했다. 클랜이 추구하는 진짜 목적을 알고 난 제임스 그랜트는 단원으로 가입하려던 마음이 바뀌었다. "저는 특별히 거스를 것이 없는 다른 사람을, 그것도 전혀 무장하지 않은 사람을 마구잡이로 매질하는 게 내키지 않았습니다."라고 그랜트는 말했다. "그래서 그들에게 그만두고 싶다고 말했지요…… 그들 손에 목숨을 잃게 될지도 모른다는 두려움에 결국 살던 집을 떠나야 했습니다."

사우스캐롤라이나 주에서 클랜에 가입했던 사람들 중 일부는 강요 때문에 또는 두려움 때문에 가입했다고 말했다. "이웃들이 제가 꼭 들어가야 한다고 했습니다. 말을 듣지 않으면 채찍으로 때리겠다고요." 클랜에 가입할 당시 17세 청년이었던 윌리엄 졸리가 말했다. "언제 개죽음 당할지도 모른다는 두려움 속에 사느니 가입하는 편이 좋을 거라고 그 사람들이 말했습니다." 당시 17세의 나이로 공격에 네 차례 가담했던 크리스턴베리 테이트가 말했다.

한편, 당시 19세였던 주니어스 틴들은 다음과 같이 말했다. "저는 마지못해 가입했어요. 깜둥이들이 계속 찌그러져 살도록 감시해야 한다고 그들이 말했거든요. 흑인들이 백인들 위에 올라서는 일이 없도록 지켜야 한다고요." 틴들은 무도회를 준비 중이던 흑인들을 기습하는 공격에 총 세 차례 가담했다고 한다.

"거기에서 벗어날 방법이 없었습니다." 윌리엄 오언스는 말했다. 당시 25세로 마차를 제작하는 일을 했던 오언스도 세 차례 공격에 참여했다. "아

재건 시대의 클랜 단원을 찍은 사진이 몇 장 남지 않았는데, 여기 보이는 사우스캐롤라이나인은 50년 전에 '밤의 기마단'으로 활동할 당시 입었던 복장으로 포즈를 취하고 있다. - 제임스 웰치 패튼, 『1860~1869년 연방주의와 테네시의 재건』, 채플힐: 노스캐롤라이나 대학교 출판부, 1934년, 175쪽

마 지금쯤 제 몸에는 구더기가 들끓고 있었을 겁니다. 제가 모임에 안 나갔다면 말이지요."

민권 운동가이자 역사학자였던 윌리엄 에드워드 버가트 두보이스는 재건 시대와 잇따른 몇 년을 다음과 같이 요약했다. "노예들은 해방되었다. 태양 아래 잠깐 서 있었다. 그런 다음 다시 노예제도 시절로 되돌아가고 있었다." – 뉴욕공립도서관 내 숌버그 흑인문화연구소

1868년에 이르러 쿠 클럭스 클랜은 남부 연합에 참여했던 11개 주를 비롯해, 심지어 남북전쟁 중에 연방의 편에 섰던 켄터키 주에서 마저 창궐했다. 가장 많은 소굴이 결성되었던 곳은 익히 알려진 대로 연방에서 최초로 탈퇴한 주이자 남북전쟁의 시작을 고하는 총성이 울렸던 바로 그곳, 바로 사우스캐롤라이나 주였다.

같은 해 9월, 그랜드 위저드인 네이선 베드포드 포리스트는『신 시내티 커머셜』*Cincinnati Commercial*이라는 신문의 기자와 인터뷰하며 클랜의 전체 단원 수가 55만 명, 테네시 주 한 곳에서만 4만 명에 이른다며 으스댔다. 이 숫자를 곧이곧대로 믿는다면, 대략 당시 남부의 백인 남자 둘 중 하나가 스스로를 쿠 클럭스 클랜이라고 불렀다는 뜻이 된다.

불과 닷새 뒤에 포리스트는 자신의 이야기가 와전되었다면서 이런 추산을 철회했다.(다른 클랜 관련 인사들 역시 수치가 과장되었다고 말했다.) 실제 몇 명이 이 비밀 조직에 가담했었는지, 쿠 클럭스 클랜의 정확한 단원 수는 아마도 영원히 밝혀지지 않을 것이다. 다만, 앞서 언급한 윌리엄 졸나 주니어스 틴들, 윌리엄 오언스처럼 클랜이 두려워서 혹은 협박을 당해서가 아니라, 상당수의 남부 백인 남자들이 자진해서 쿠 클럭스 클랜에 가입했던 것은 부인할 수 없는 사실이다. 조직에 가담하도록 그들을 이끈 것은 다른 종류의 공포였다.

쿠 클럭스 클랜과 같은 조직에 가입하는 이유는 신변 안전에 대한 불안감, 그리고 강력하고 우월하다는 기분이 들게 하는 무엇인가에 소속감을 느끼려는 욕구 때문이라고 오늘날 심리학자들은 설명하고 있다. 쿠 클럭스 클랜에 동조했던 사람들을 가장 잘 이해했던 사람은 다른 누구보다 역사학자이자 민권 운동가였던 W. E. B. 두보이스가 아니었을까 싶다. 두보이스는 이렇게 설명했다. "이 사람들은 마음 깊은 곳에서 무엇인가를 몹시 두려워하고 있다. 무엇에 대해서? 물론 여러 가지를 거론할 수 있겠지만, 보통은 자신의 직업을 잃을까 봐, 보다 낮은 계층으로 추락할까 봐, 모욕이나 망신을 당할까 봐 두려워했다. 또한 희망을 잃게 될까 봐, 저축한 돈이 바닥날까 봐, 자녀를 위해 세워 둔 계획이 엉망이 될까 봐 걱정했고, 굶주림의 고통, 더러움, 범죄를 두려워했다."

"저는 1861년의 옛 정부를 사랑했습니다. 저는 옛 헌법을 아직도 아낍니다. 전쟁 이전처럼만 운영된다면 세계 최고의 정부가 아닐까 싶습니다. 나는 정부를 증오하지 않습니다. 외려 정부를 전복하려는 급진파 혁명주의자들에 대해서만 반대하고 있습니다. 테네시 주에서 제가 목격한 그 당은 하나님의 땅에서 최악인 자들, 어떤 범죄도 서슴지 않고 저지르고, 자기 자신만 잘살겠다는 한 가지 목표만을 추구하는 그런 자들의 모임이라고 생각합니다."

— 네이션 베드포드 포리스트, 1868년 8월 28일 『신시내티 커머셜』지와의 인터뷰에서 남부를 변화시키고 흑인 미국인들의 권한을 보장하려는 공화당과 그 당원들의 노력을 비난하며

5장

"나를 죽일 수는 있어도
겁먹게 할 수는 없소."

쿠 클럭스 클랜의 새로운 소굴들이 남부 전역에서 들불처럼 빠르게 확산되는 사이, 앤드루 존슨 대통령 그리고 공화당이 장악한 의회는 남부를 재건하는 방법을 두고 여전히 엎치락뒤치락하고 있었다. 타협을 원치 않았던 대통령과 의회는 사사건건 다투었다.

두 해 전인 1866년, 대통령은 미합중국에서 태어난 모든 사람의 시민 자격을 인정하는 민권 법안에 대해 거부권을 행사한 바 있다. 한 해 전에는 대통령이 재건법을 다시 거부했다. 자유민에게 남부에서 치러지는 선거에서 투표할 수 있는 권리를 부여하고, 그들의 민권을 인정하고 법에 의거한 평등한 보호를 보장한 수정헌법 제14조를 비준하도록 남부 연합에 가입했던 각 주에 요구하는 법률이었다. 존슨 대통령이 거부권을 행사할 때마다 의회는 번번이 거부권을 무효화하고 결국은 해당 법률안을 재가결했다.

이 그림에서는 약사로 표현된 '엉클 샘'*이 존슨 대통령에게 처방약, 즉 수정헌법 제14조를 삼키라며 재촉하고 있다. 존슨 대통령을 비롯한 많은 민주당 지지자들은 공화당의 '처방'이 나라를 망친다고 생각했다. - 「하퍼스 위클리」, 1866년 10월 27일; 미국 사회사 프로젝트

그러나 존슨 대통령도 물러서지 않았다. 의회와 한판 결전을 치르기로 결심한 대통령은 남부 재건에 관한 공화당의 계획을 뿌리부터 흔들 방법을 모색했다. 그는 재건법을 무시하는 태도를 택했다. 남부에 획정된 다섯 개 군정 지역에서 대통령은 군 사령관의 권한을 제한했고, 지방 선거와 주 선거가 실시될 때 유권자들의 생명과 재산을 보호하는 연

존슨 대통령이 탄핵 심리를 위해 상원에 출두하라는 소환장을 받고 있다. - 『하퍼스 위클리』, 1868년 3월 28일; 미국 의회 도서관

방군의 권한을 박탈했다. 법을 집행한 군 장성을 해임하고 그 자리에 투표권을 되찾지 못한 옛 남부 연합 관련자들에게 투표를 허용한 사령관들을 대신 앉혔다.

1867년 한 해 동안 공화당 의원들은 대통령 탄핵을 두 차례 시도했지만, 두 번 모두 공식 심리를 개시하기 위해 필요한 정족수를 채우지 못했다. 그러던 차에 1868년 초, 존슨 대통령이 자신에게 복종하지 않는다고 판단한 각료 한 명을 해임하자 공화당 의원들에게 다시 한 번 기회가 찾아왔다. 사실 예의 각료, 즉 에드윈 스탠턴Edwin

* 미국 정부(미합중국)를 의인화한 인물형.

Stanton 전쟁부 장관이 공화낭 의견에 동조하며 남부에 대한 대통령의 너그러운 정책에 반대하고 있다는 것은 공공연한 사실이었다.

그런 스탠턴을 해임함으로써 존슨 대통령은 넘어서는 안 될 선을 넘은 셈인데, 이런 행동이 1867년 관직 보유법 위반에 해당하기 때문이었다. 관직 보유법에 따라 대통령이 의회의 동의를 얻지 않고 단독으로 장관을 해임하는 행위가 금지되었으므로 불법 행위에 속했다. 기쁨에 들뜬 의회는 '중대 범죄와 비행'*이라는 사유로 존슨 대통령을 탄핵 기소했다. 그리고 이번에는 정족수를 충족해 마침내 1868년 2월 탄핵 심리가 개시되었다.

대통령에 대한 탄핵 심리가 개시되자 쿠 클럭스 클랜은 들끓었다. 버지니아의 한 소굴에서는 펜실베이니아 출신의 유력한 하원 의원이자 공화당원인 새디어스 스티븐스Thaddeus Stevens에게 암살 경고장을 보내왔다. 그는 앞장서서 존슨 대통령을 탄핵 소추하고, 상원에서 진행하는 탄핵 심판에서는 검사 역할을 맡았던 인물이다.** 클랜이 보낸 경고장에는 이렇게 쓰여 있었다. "숨이 붙은 날이 얼마 남지 않았다. 미국 대통령이 물러나기 전에, 네 녀석은 이미 오래전에 떨어졌어야 했을 지옥의 맛을 보게 될 것이다. 이 땅은 자유로운 나라이다. 오, 맙소사! 우리는 더 이상 네놈들이 만들어 놓은 망할 법률 앞

---

* 미국 헌법 제2조 제4항 "미합중국의 대통령, 부통령 및 모든 공무원은 반역죄, 수뢰죄, 기타의 중대 범죄와 비행으로 유죄 판결 또는 탄핵 결정을 받으면 그 직위로부터 면직된다."
** 미국의 탄핵 제도는 하원이 탄핵 소추권을, 상원이 탄핵 심판권을 보유하므로 상하 양원에서 탄핵안이 통과되어야 대통령을 해임할 수 있다.

앤드루 존슨 대통령의 탄핵 심판은 인기 높은 구경거리였다. 이 사진은 심리를 관람할 수 있는 표의 사본이다. - 「하퍼스 위클리」, 1868년 4월 4일; 빙엄턴 대학교 특별 소장품

에 굴복하지 않는다. 그 법률을 없앨 힘이 없다면 법을 만드는 놈들을 처단할 것이다."

탄핵 절차는 세 달 이상 지속되었다. 하지만 단 한 표 차이로 상원은 대통령 탄핵을 부결했다. 이렇게 해서 존슨이 대통령직을 유지하기는 했지만 권력 누수 현상이 이미 시작되었고, 대통령의 정치 세력이 약화되었으며, 남은 임기는 고작 11개월이었다.

재건의 과업은 다시 공화당의 손으로 넘어갔다. 공화당은 공장과 철도를 짓고, 공립학교를 세워 자유민의 생활을 보다 향상시키고 남부의 상황을 개선하려는 계획을 추진했다. 1868년 여름까지 남부 일곱 개 주, 다시 말해 테네시, 아칸소, 플로리다, 노스캐롤라이나, 사우스캐롤라이나, 루이지애나와 앨라배마 주가 다시 연방에 가입했

『프랭크 레슬리스 일러스트레이티드 뉴스페이퍼』는 일반적으로 공화당을 지지하지 않았다. 하지만 여기서 소개하는 두 장의 삽화를 통해 삽화가 제임스 E. 테일러는 표를 구걸하는 백인 후보자의 말을 듣고 있는 흑인 미국인(위)과 투표를 앞두고 유권자 등록을 하는 흑인(아래)을 보여 주고 있다. - 『프랭크 레슬리스 일러스트레이티드 뉴스페이퍼』, 1867년 11월 30일; 미국 의회 도서관

다.(버지니아, 미시시피, 텍사스, 조지아 주는 2년 후에야 비로소 재건 요건을 충족한다.)

일곱 개 주가 연방에 재가입 함에 따라, 의회가 수정헌법 제14조의 비준을 위해서 필요한 정족수, 즉 37개 주의 4분의 3(28개 주)이 충족되었다. 수정헌법 제14조는 미국에서 태어나거나 미국으로 귀화한 사람이면 누구든 시민이 됨을 인정하고 법률에 의거한 평등한 보호를 보장할 뿐만 아니라, 어떠한 주도 "적법한 법 절차를 따르지 않는 한" 다른 사람의 생명, 자유 또는 재산을 박탈할 수 없다고 규정했다. 더불어 본 수정헌법은 처음으로 투표권자가 남성임을 명시적으로 규정했다. 이러한 의회 비준은 중요한 보호책이었는데, 연방 대법원이 모든 수정헌법 조항을 반드시 준수해야 하기 때문이었다. 이에 비해 법률은 보다 쉽게 무효화될 수 있었다.

이제 온 나라의 이목은 옛 북군 장군 출신인 율리시스 S. 그랜트 공화당 후보와 허레이쇼 시모어Horatio Seymour

공화당은 남부의 혼란을 잠재울 인물로서 율리시스 S. 그랜트를 대통령 후보로 선출했다. 그랜트는 후보자 지명을 수락하면서 "각지에 평화와 안정을 가져오고 안전을 보장한다는 목적과 함께 경제를 위해 힘쓰고 모든 법률을 성실하게 집행하기 위해 노력"하겠다고 약속했다. 그는 "우리 모두에게 평화를!"이라는 말로 서한을 끝맺었다. - 미국 의회 도서관

민주당 후보가 충돌할 가을 대통령 선거로 향했다.

1868년 가을 선거는 남북전쟁의 종전 이후 처음으로 치르는 최초의 전국 규모 선거였으며, 남부의 유권자들로서는 1861년 연방에서 탈퇴한 후 처음으로 참여하는 선거였다. 더불어 자유민들로서는 생애 최초로 투표권을 행사하는 대통령 선거였다.

공화당은 물론이고 민주당 역시 자유민의 표를 얻고자 경쟁했다. 그러나 대다수 흑인 미국인은 자신들을 해방시킨 에이브러햄 링컨의 정당이자 자신들의 투표권을 보장하는 공화당으로 모여들었다. "저는 이 세상에서 그것(공화당)이 다른 무엇보다 하나님의 뜻과 보편적인 사랑, 그리고 우정에 한 발 더 가깝다고 진심으로 믿고 있었습니다." 사우스캐롤라이나 주 출신의 흑인 전도사 일라이어스 힐Elias Hill은 이렇게 말했다. "다른 어떤 당과 비교해도 공화당이야말로 하나님의 법에 한 걸음 더 가까운 가치를 옹호하고 있다고 믿었던 거지요."

1868년 당시 거의 모든 흑인 유권자들은 '연방 동맹'Union League 이나 '충성 동맹'Loyal League 같은 공화당 조직에 소속되어 있었다.* 본래 이런 '동맹'은 남북전쟁 와중에 북부에서 공화당 애국 단체로 시작되었으나 전후 남부 전역으로 확산되었다. 여성이 투표권을 얻기까지 아직도 52년의 세월이 더 흘러야 했지만, 여성과 어린이도

---

* '연방 동맹'은 남북전쟁 중에 연방, 공화당, 링컨이 추구했던 정책에 대한 충성을 다짐하며 설립된 여러 남성 사교 클럽이 사용했던 이름이며, 같은 성격의 모임이 '충성 동맹'이라는 명칭도 함께 사용했다.

모임과 집회, 야외 행사에 참여했다.

'동맹'은 학교나 교회에서 집회를 여는 경우가 많았다. 이런 모임은 세금이나 공교육, 노동 문제, 평등권과 같은 정치 쟁점에 대해서 자유민들이 한 수 배울 수 있는 좋은 기회이기도 했다. 철저히 법률이 허용하는 테두리 안에서 활동하고자 했던 흑인 지도자들은 자신의 일신과 권리를 보호하고 클랜의 테러 행위에 대처할 수 있는 합법적인 전략을 궁리했다. 그들은 보안관, 경찰, 선출직 공무원 등으로 대표되는 공권력을 가진 지방의 기관들이 인종에 관계없이 평등하게 법을 집행하기를 바랐다. "이 주의 법률은 더할 나위 없이 훌륭합니다. 다만 그렇게 좋은 법률이 그대로 이행되지 않는 사례가 너무 많은 것이 안타까울 따름입니다." 플로리다 주를 두고 이렇게 평가한 사람은 흑인 목사이자 공화당 지도자였던 찰스 H. 피어스Charles H. Pearce 목사였다.

자유민들은 심각한 위험을 감수하더라도 투표권을 행사하려 했다. 그들은 투표가 주어진 상황을 바꾸어 놓을 수 있는 힘을 뜻한다는 걸 잘 이해하고 있었다. '동맹' 모임을 통해서 유권자 등록,** 투표함 이용 방법 등을 익혔다. 당시에는 비밀투표라는 개념이 아직 정립되지 않아서 커다란 종이에 정당 표라고도 알려진 여러 투표용지를 인쇄한 뒤 실제로 투표할 때 각각의 유권자를 위해 잘라서 사용하는 방식이었다. 일부 지역에서는 정당별로 표의 색이 구별되었기 때문

** 미국에서는 일정한 연령의 성인에게 자동으로 투표권이 주어지는 것이 아니라 카운티별로 유권자 등록을 해야 한다.

1868년에 그려진 이 삽화는 새롭게 투표권을 얻은 자유민들이 활발하게 정치 토론에 참여하는 모습을 그리고 있다. - 윌리엄 루드웰 셰퍼드, 『하퍼스 위클리』, 1868년 7월 25일; 미국 의회 도서관

에 흑인 유권자들이 어느 당에 투표하는지 클랜 단원들도 쉽게 알 수 있었다. 사실, 상대 당 지지자들의 투표권 행사를 방해하고 유권자를 매수하려 한 것은 공화당이나 민주당이나 매한가지였다. 다만 공화당의 경우, 적어도 알려진 바로는 폭력을 사용한 적이 없다는 점이 달랐다.

문맹이라는 조건 역시 일부 유권자에게 골칫거리였다. 예를 들어 앨라배마 주의 러셀 카운티에서는 글을 깨친 자유민으로서 공직 선거에 출마한 후보자가 그의 적수인 민주당 소속 백인이 문맹이지만 남을 의심할 줄 몰랐던 흑인 유권자에게 부정한 투표용지를 나누어 주는 현장을 목격했다. "그 남자가 제게도 한 장 주었는데, 맨 위에는 '공화당'이라고 쓰여 있지만 본문에는 민주당 후보자들 이름이 쓰여 있었지요."라고 버턴 롱은 말했다.

버턴 롱은 백인 남자의 속임수를 지적하며 말했다. "선생님, 민주당 후보의 이름이 적혀 있으니, 이 투표지는 올바른 공화당 투표지가 아니지 않습니까." 그는 속임수를 신고했지만, 체포되어 위증죄로 투옥된 것은 백인이 아니라 롱 자신이었다. "그 선거 때문에 저는 제가 가진 모든 것을 잃었습니다."

1868년, 민주당은 백인이 나라를 이끌어야 한다는 주장을 내세우며, 백인 우월주의를 정강으로 내세웠다. 민주당은 아직까지 옛 노예들이 시민으로서의 책무를 다하고 투표권을 행사할 준비가 되지 않았다는 주장을 펼치고 있었다. 조지아 주 출신으로서 전쟁 전에 노예를 소유했던 한 남자는 이렇게 말했다. "나는 그의 투표권 행사를 허락해서는 안 된다고 생각합니다. 그저 그에게 어떤 편견을 가지고 있어서 그런 것이 아닙니다. 스스로를 통치할 능력이 있다고 생각되지 않기 때문이지요."

재건을 추진 중이던 남부의 각 주에서 흑인의 투표권이 현실로 다가오자, 지방 공직자 선거에 입후보한 민주당 후보들은 당선하려면 옛 노예들의 표가 필요하다는 사실을 깨달았다. 그리고 그들 중 상당수는 옛 노예들이 자신을 위해 투표하리라 믿기도 했다. 노예 시절 먹이고 입히며 돌봐 주었던 옛 주인이었으니 말이다.

그러나 실제 상황은 그들의 기대와 사뭇 달랐다. 조지아 주에서 주 의원 선거에 출마했던 한 후보자는 다음과 같은 사례를 목격하기도 했다. "옛 노예들의 투표가 곧 자신의 당선을 의미하지 않을 수도 있음을 깨달은 옛 주인이 말을 타고 대농장을 가로질러 옛 노예들을 찾아가서는 자기에게 투표하라고 했지요. 하지만 결국 설득에 실패하자, 거절한 가족들에게 바로 자기 땅에서 나가라고 했답니다." 아이자이어 그린은 이렇게 말했다.

한편 민주당 집회에 참가하라며 자신이 고용한 흑인 일꾼들을 독려하는 백인 지주도 있었다. 그런 집회에서는 흑인 민주당원이라고 소개하면서 훌륭한 자유민의 본보기라며 치켜세우기도 했다. 그러나 이런 잔꾀가 쉽게 먹혀들 리 없었다. 흑인 민주당원은 자유민들 사이에서 배반자로 치부되었다. "우리는 그런 자들을 흑인의 적이라고 불렀지요. 그들을 따돌리고 어울리지도 않았습니다." 흑인으로서 미시시피 주 상원 의원을 지낸 로버트 글리드가 말했다.

옛 노예 소유주들은 자유민들이 스스로에게 유리한 바를 궁리하는 현실에 직면하자 자유민과 그들이 결성한 '연방 동맹'에 점점 더 분노했다.

1868년 대통령 선거일이 다가옴에 따라 시시각각 긴장이 고조되었다. 쿠 클럭스 클랜은 공화당원들이 나라를 망치고 있다고 비난하며 그들을 상대로 '공포 정치'를 펼쳤다. 쿠 클럭스 클랜은 특히 연방주의자들, 다시 말해 과거 남부의 연방 탈퇴에 반대했고 이제는 흑인 투표권을 비롯해 공화당의 다른 정책들도 함께 지지하고 나선 남부 태생의 백인들을 증오했다. 클랜은 이런 사

1868년 민주당 선거 배지. 당의 모토와 함께 두 후보자(대통령 후보 허레이쇼 시모어와 부통령 후보 프랜시스 P. 블레어)의 모습이 담겨 있다. - 뉴욕공립도서관 내 숌버그 흑인문화연구소 사진 및 인쇄부, 애스터·레녹스·틸든 재단

람들을 '깡패', '부랑배'를 뜻하는 **스캘러왜그**scalawag라고 불렀다.

대다수 남부 백인들의 눈에 스캘러왜그는 조국과 백인의 반역자로 비쳤다. 남부 출신의 한 민주당원이 "〔그들은〕 백인 혈통으로서의 품위를 상실했다."라고 평가하는가 하면, 사우스캐롤라이나 주 출신의 한 클랜 단원은 "백인의 가죽을 쓴 자들 중 가장 상스럽고 역겨운

일부 고용주들과 지주들은 공화당에 투표한 일꾼을 해고하거나 내쫓았다. 이 그림에서
한 백인 고용주가 자신의 한 표를 행사하는 흑인을 지켜보고 있다. – 존 T. 트로브리지,
「1865~1868년 황폐한 주들에 관한 그림」; 미국 의회 도서관

자들"이라며 욕했다.

테네시 주 링컨 카운티에서는 클랜 단원이 권총을 휘둘러 60대 중반의 백인 공화당원을 구타했는데, 희생자는 자신을 공격한 자들에게 맞서 다음과 같이 말했다. "내가 저지른 정치범죄란 누구에게도 나쁜 짓을 하지 않았다는 겁니다. 저는 다른 사람을 잘못된 길로 이끈 적도 없고, 거짓으로 속여서 남의 것을 빼앗은 적도 없습니다. 저는 하나님이 기왕에 어떤 인간에게 검은색 피부를 주셨다면, 하나님이 그에게 주신 것을 핑계로 학대하거나 짓밟아서는 안 된다고 젖먹이 시절부터 배웠습니다."라고 윌리엄 와이엇은 말했다.

흑인들이 '충성 동맹' 모임에 참여하거나 정치 문제를 토론할 때에는 거의 목숨을 내놓아야 했다. 테네시 주의 모리 카운티에서는 클랜 단원 아홉 명이 당시 고작 열여덟 살이었던 자유민을 공격했다. 그는 노예 신분으로 태어났으나 탈출에 성공했고 북군에 소속되어 남북전쟁에 참전한 퇴역 군인이었다. "그들은 저를 심하게 매질했습니다." 당시에 아직 어려서 투표권이 없었던 찰스 벨레폰트는 말했다. "그들은 제게 망할 깜둥이 녀석이 양키 병사였다고 욕하며, 양키 병사로 참전했거나 연방 동맹에 속한 사람들은 모두 죽여 버릴 거라고 했습니다." 자신을 공격했던 클랜 단원들 무리에서 찰스는 옛 주인을 알아볼 수 있었다. 그 역시 남부 연합군의 일원으로서 참전했던 터였다.

테네시 주에서 클랜의 습격이 계속되자, 공화당이 장악한 의회는 시민 보호와 법률 집행을 위해 주지사가 어느 카운티에든 주 민병

1867년 지방 및 주 선거에서 생애 처음으로 한 표를 행사한 자유민. 관련 기사에서 삽화가 앨프리드 오드는 이렇게 적고 있다. "지나치게 들뜬 마음 혹은 옛 주인이나 상대 당원들에 대한 반항심을 얼굴에 드러내지 않고 진지하고 담담하게, 결의에 찬 태도로 투표함으로 나아가 생애 첫 투표권을 행사한 자유민을 그렸다." - 『하퍼스 위클리』, 1867년 11월 16일; 미국 의회 도서관

대를 파견할 수 있게 하는 법률을 가결했다.

이에 대응해 네이선 베드포드 포리스트는 전쟁을 원치 않지만 공화당이 테네시 주의 클랜을 진압하기 위해 주 민병대를 파견한다면 클랜 단원 4만 명을 동원할 수도 있다고 경고했다. 그는 『신시내티 커머셜』 기자와의 인터뷰에서 "제게는 검둥이들을 모두 태워 죽일 만큼의 화약은 없습니다. 그래서 급진주의자들만을 노려 살해할 생각입니다."라고 말했다. "이 도시(멤피스)에는 급진당 지도자가 없지만 눈에 띄는 사람은 있습니다. 사태가 이미 벌어진 뒤에는 그들 중 숨이 붙어 있는 자가 없을 겁니다."

거침없이 입바른 소리를 잘하는 흑인들은 클랜 때문에 곤란에 처하는 경우가 많았다. "아버지는 말하자면 깜둥이들의 지도자였소." 사우스캐롤라이나 주 출신의 옛 노예였던 로렌자 이젤은 이렇게 회상했다. "아버지는 연설을 했지. 또 우리 흑인들에게 첫 선거에서 그랜트에게 투표하는 방법을 가르쳤고. 쿠 클럭스가 아버지를 채찍질하려고 잡으러 다녀서 밤마다 아버지는 속이 빈 통나무에서 주무셔야 했다오."

사우스캐롤라이나 주 찰스턴에서 발행되는 어느 신문의 흑인 논설위원은 흑인 유권자가 어느 정도까지 위험을 감수해야 하는지를 다음과 같이 표현했다. "민주당에 투표하지 않는다는 이유로 학살당해야 한다면, 차갑게 피가 식어 살해당해야 한다면…… 그렇게 합시다. 어차피 한 번 죽지, 두 번 죽지는 않습니다."

남부의 민주당 지지자들로서는 흑인들이 이렇게 단호한 결의를

HARPER'S WEEKLY.

A JOURNAL OF CIVILIZATION

VOL. XII.—No. 620.]   NEW YORK, SATURDAY, NOVEMBER 14, 1868.   [SINGLE COPIES, TEN CENTS.
[$4.00 PER YEAR IN ADVANCE.

Entered according to Act of Congress, in the Year 1868, by Harper & Brother, in the Clerk's Office of the District Court of the United States, for the Southern District of New York.

VICTORY!

보여 주리라고는 예상치 못했다. 그들은 노예제도 아래서 흑인들을 통제할 수 있었던 것처럼 자유민 유권자들도 손쉽게 통제하고 선동할 수 있으리라 믿었다.

그러나 이러저러한 클랜의 공포 전술에도 개의치 않고 놀라운 수의 자유민이 투표장에 나타났다. 일례로, 사우스캐롤라이나 주 스파튼버그 카운티의 경우 자유민들이 강을 헤엄쳐 건너고 냇물을 헤쳐 수 킬로미터를 걸어서 투표소를 찾아왔다. "나를 죽일 수는 있을 테지요. 하지만 나를 겁먹게 할 수는 없소."라고 헨리 립스컴은 자신의 입장을 이야기했다.

남북 전역에서 같은 현상이 나타났다. 조지아 주의 어느 카운티에서는 흑인 남자 100명이 소총과 권총, 곤봉 등으로 무장한 채 20킬로미터 가까이 걸어서 투표소에 도착했다. 미시시피 주 야주에서는 율리시스 S. 그랜트의 선거 배지를 자랑스럽게 단 흑인 남녀를 백인 남자들이 구타하는 사건이 일어났지만, 그럼에도 많은 지지자들이 어떻게든 배지를 달고 다니길 주저하지 않았다. 어떤 흑인 여성들은 그랜트 배지를 구하려고 32킬로미터가 넘는 먼 길을 찾아가기도 했다. 자신의 처가 얼마나 큰 위험에 처해 있는지를 알기에 근심이 많았던 남편들의 만류도 그녀들을 막을 수 없었다.

1868년 11월, 마침내 공화당의 율리시스 S. 그랜트가 선거인단

승리를 거둔 율리시스 S. 그랜트가 K.K.K.라는 낙인이 찍힌 말을 타고 있는 상대 후보 허레이쇼 시모어를 떨어뜨리고 있다. - 『하퍼스 위클리』, 1868년 11월 14일; 미국 의회 도서관

214표를 얻고 대통령에 당선되었다. 반면 상대 후보는 80표를 얻었다. 남부로서는 옛 북군 지휘관이었던 그랜트의 대통령 당선이 북부에 의한 연전연패를 의미했다. 한편 그랜트의 지지자들은 그가 남부 지역에서 벌어지고 있는 소동과 폭력 사태에 종지부를 찍어 주기를 바라고 있었다.

또한 흑인 유권자의 참여로 남부 전역에서 수백 명의 흑인 및 백인 지도자들이 지방 및 주 공직자로 선출되었다. 남부 백인들은 이런 선거 결과에 경각심을 느꼈고 "우리 주의 백인들은 깜둥이의 지배를 잠자코 받아들이지는 않을 것"이라며 거세게 항의했다.

두려움 속에서 싹튼 소문이 으레 그러하듯이 '깜둥이의 지배' 즉 흑인 다수에 의한 통치라는 주장은 사실 전혀 근거를 찾을 수 없는 낭설에 불과했다. 각 주에서 선출된 흑인 공무원의 수는 전체적으로 당해 주에 거주하는 흑인 주민의 수에 비례했다. 이후 10년 동안 총 1465명의 흑인이 공직에 당선된 한편, 백인은 전체 공직의 60~85퍼센트를 차지했고 남부 정치계를 계속해서 장악한 쪽은 백인이었다.

1868년 선거 이후에, 흑인 유권자가 선거 결과에서 미치는 영향력을 실감한 민주당 지지자들의 실망은 이내 분노로 성격이 바뀌었다. 흑인의 정치적 영향력이 향후 백인 우월주의 정책에 위협이 되리라는 점이 명백해졌다.

사우스캐롤라이나 주에서 주 의원으로 당선된 바 있는 한 자유민은 당시 남부 백인들이 보인 반응을 이렇게 설명했다. "자신들이 결국 선거에서 참패했다는 것을 깨닫는 순간 불같이 화를 내기 시작했습니다. 그 후 계속해서 채찍질과 매질이 이어졌지요." 헨리 존슨의 증언이었다.

향후의 선거를 통제하고자 남부의 각 주는 흑인 남성과 다른 '바람직하지 않은' 시민들의 투표권 행사를 제한하는 법률을 차례차례 통과시켰다. 투표권을 인정받기 위해서는 투표세 또는 요금을 지불해야 한다고 규정한 법률, 일정 금액 이상의 과세 대상 재산을 소유해야 한다든가, 읽고 쓰는 능력 등을 투표권 행사의 조건으로 내세운 법률이 잇따라 입법되었다. 흑인 선거구에 설치하는 투표소 수가 상대적으로 적었기 때문에 흑인 유권자가 자신의 권리를 행사하기 위해서는 보다 먼 거리를 이동해야 했다.

사실 이와 유사한 법률이 이미 북부에도 존재하기는 했다. 문해력과 재산 자격이 남부에서 어떤 영향을 미칠지, 남부 출신의 한 흑인 상원 의원은 제대로 파악하고 있었다. "읽고 쓰는 능력이 상당해야 했고 250달러의 현금이나 500달러 상당의 가치를 지닌 부동산을 소유하지 않은 사람은 투표권을 행사할 수 없다고 했습니다. 이런 조건을 적용하면 유색인 중 3분의 2 이상이 유권자에서 제외되었지요." 플로리다 주 몬티셀로의 로버트 미첨이 말했다.

아울러 폭력 행사 또한 여전히 많은 남부 백인들의 선택지에 포함되어 있었다. 민주당을 지지하는 남부의 신문들은 '연방 동맹'이 결성되는 곳에서는 어디든, 언제든 쿠 클럭스 클랜을 조직하라고 독

살해당한 흑인 유권자가 거리에 쓰러져 있다. 『하퍼스 위클리』는 토머스 내스트가 그린 이 카툰을 수록하며 "한 표를 잃다."라고 설명을 붙였다. 1868년과 그랜트가 재선에 도전한 1872년, 두 번의 대통령 선거에서의 한 표를. - 『하퍼스 위클리』, 1868년 8월 8일; 미국 의 회 도서관

자들에게 촉구했다.

그랜트가 대통령에 당선된 이후 클랜 지도부는 다시 한 번 비밀리에 회합하여 조직의 규약을 수정하고, 자신들의 조직이 "기사도, 인류애, 자비 및 애국심의 기관"이라고 공식적으로 규정했다. 특히 클랜 단원들은 다음의 사항을 약속했다.

- 무법자, 폭력배, 무뢰한 들이 행하는 모욕, 악행, 잔학 행위로부터 약자와 무죄한 자, 무력한 자 들을 보호하고, 부상자나 억압받는 자를 구제하며, 고통 받는 자들이나 불행한 자들, 특히 전사한 남부 연합군 병사들의 미망인과 자녀를 구호한다.
- 미합중국의 헌법과 그에 의거하여 통과된 모든 법률을 수호 및 존중하며, 모든 종류의 침략으로부터 미국과 그 시민을 보호한다.
- 헌법의 집행을 보조 및 지원하며 법에 의거하지 않은 체포, 이 땅의 법률에 따라 그 동료 시민이 주관하는 재판을 제외한 모든 심판으로부터 시민을 보호한다.

이와 함께 클랜 지도부는 신입 단원이 구술로 대답해야 하는 열 가지 질문을 고안했다. 이 열 가지 질문은 신입 단원 한 사람, 한 사람이 백인 우월주의에 헌신하기를 기대하고 있음을 명확하게 드러낸다.

첫째. 이전에 * * * [쿠 클럭스 클랜] 가입을 신청했는데 거절되거나 동 단체에서 축출된 적이 있는가?

둘째. 현재 급진 공화당 혹은 '충성 동맹'이나 '위대한 공화국 군대'(연방의 퇴역 군인 단체)로 알려진 조직의 소속원이거나 과거 소속되었던 적이 있는가?

셋째. 급진 공화당, '충성 동맹', '위대한 공화국 군대'의 성격과 목적을 인지하고 있다는 전제하에, 그 정강과 정책에 반대하는가?

넷째. 지난 전쟁에서 연방 군대에 소속되어 남부를 상대로 전쟁을 벌인 적이 있는가?

다섯째. 사회적으로 그리고 정치적으로 깜둥이 평등에 반대하는가?

여섯째. 이 나라에서 백인의 통치에 찬성하는가?

일곱째. 헌법에 의거해 보장되는 자유, 그리고 폭력과 억압이 아닌 공정한 법률에 의거한 통치에 찬성하는가?

여덟째. 헌법에 근거한 남부의 권리 유지에 찬성하는가?

아홉째. 남부 백인의 투표권 회복, 해방, 그리고 재산권과 시민권, 정치적 권리 등 분야를 막론하고 남부인들의 완전한 권리 회복에 찬성하는가?

열째. 전제적인 또는 월권적인 권력 행사에 대항해 자기를 보호할, 시민이 가진 양도할 수 없는 권리를 믿는가?

이듬해 한 해 동안 각 주들이 차례로 수정헌법 제15조를 비준했고, 피부색과 과거의 노예 신분을 막론하고 모든 남성 시민에게 투표권을 부여했다. 의회는 수정헌법 제14조와 제15조를 집행하기 위한 법률을 추가로 통과시켰다. '집행법'이라는 이름이 붙은 이 새로운 법률에 따라, 유권자를 매수하거나 협박하는 행위는 연방 범죄로 규정되었다.

그러나 법이란 그것이 제대로 집행되는 한에서만 좋은 것이다.

훗날 네이선 베드포드 포리스트는 대통령 선거 이후에 쿠 클럭스 클랜의 해체를 촉구했다고 주장했다. "나는 분노를 잠재우려고 노력했습니다."

쿠 클럭스 클랜의 창립 단원인 존 레스터는 포리스트의 주장을 뒷받침하며, 그랜드 위저드가 이후의 폭력 사태를 중단하기 위해 단원 전원에게 클랜의 휘장과 관련 용품을 모두 불태우라고 지시하는 일반명령 제1호를 발포했다고 증언했다.

역사학자들 역시 1868년 선거 이후에 테네시 주와 앨라배마 주에서 클랜의 활동이 위축되었다는 사실에 주목하고 있다. 어쩌면 이 모든 것이 그랜드 위저드인 포리스트가 클랜을 해체하려 애썼음을 보여 주는 증거가 될 수 있을 테고, 실제로 그가 그런 노력을 기울였다면 남부에서 평화를 회복하고자 바랐기 때문이었을 수도 있다. 아니면 통제를 벗어나 지나치게 확대되고 있던 쿠 클럭스 클랜에 대한 책임에서 벗어나려 했기 때문일 수도 있다.

알려진 바는 이 정도뿐이다. 소굴의 확산, 무지와 두려움 그리고

토머스 켈리가 1870년에 인쇄한 이 그림은 아프리카계 미국인에게 투표권을 보장하는 수정 헌법 제15조의 통과를 축하하고 있다. 작은 그림들은 학교에 입학할 권리, 결혼 및 신앙의 권리 등 흑인 미국인들에게 보장된 권리를 표현했다. - 미국 의회 도서관

증오의 증식과 전염, 전파되는 추세를 감안할 때 그랜드 위저드의 명령이 실제로 집행되는 것은 불가능했다.

그렇게 쿠 클럭스 클랜은 날로 확대되고 있었다.

"처와 함께 난롯가에 앉아 있었 지. 그때 수백 마리의 말들이 내달 리다가 우리 집 대문 앞에서 멈춰 서는 듯한 소리가 들립디다. 문가 로 다가가서 빠끔히 밖을 살피는데 너무 끔찍한 광경을 보고 눈알이 튀 어나오는 줄 알았다오. 수백 마리의 말들이 흰 천을 뒤집어썼는데, 하나 같이 눈만 나왔어. 말에 탄 남자들도 모두 하얀색 옷을 입었는데, 거인처 럼 키가 크고 말들이랑 똑같이 눈에 만 구멍을 낸 두건을 썼더군."

게이브 하인스
1937년 이 사진을 촬영할 당시 100세에 가까 운 나이였던 하인스가 자신이 살던 조지아 주 의 오두막 근처에 클랜 단원들이 나타났을 때 자신과 아내가 얼마나 놀랐는지 기억을 되새기 고 있다. 클랜 단원들은 오두막 뒤편에 숨어 있 던 한 '카펫 배거'를 납치했고, 다시는 그 사람 을 볼 수 없었다.(미국 의회 도서관)

6장

"차라리 이 땅 위에서 죽겠어요."

농장은 대부분의 자유민들에게 가장 익숙한 일터였다. 노예제도가 유지되던 시절에 농부나 대농장주가 영리 목적으로 경작했던 목화나 담배, 쌀, 설탕, 삼 재배의 거의 대부분을 그들이 담당했고, 식탁 위에 오르는 대부분의 먹을거리도 재배했다.

'40에이커의 땅과 노새 한 마리'를 배분하겠다는 정부의 약속이 속절없이 무산되자, 대부분의 자유민은 옛 주인들을 위해서 계속 일하는 수밖에 달리 도리가 없었다. 해방노예국의 도움으로 협상을 거쳐 이전보다 나은 노동 조건을 약속받는 자유민도 많았다. 그들은 감독관의 감시 아래 갱 시스템이라는 집단 노동으로 묶여 일하는 방식을 원치 않았다. 대신 지주가 소유한 농기구와 가축을 이용할 수 있는 권리를 협상했다. 그리고 자유로운 노동자로서 존중받고 노동에 대한 정당한 대가를 지급받길 원했다.

조지아 주에서 살았던 사진 속 가족들처럼 흑인 가족에게 자유란 스스로를 위해서 일하고, 자신이 땀 흘린 노동의 열매를 수확하고, 온 가족이 헤어지지 않고 함께 사는 것을 의미했다. - 서배너의 J. N. 윌슨이 촬영한 입체사진, PR 065-0081-0009, 음화 제50475호; 뉴욕 역사학회 소장품

많은 자유민들은 토지를 구매할 재산이 없었으므로 농토를 임대하기를 원했다. 그렇게 해서 백인 농부들이 그랬던 것처럼 가족이 소비할 먹을거리와 내다 팔 수 있는 작물을 경작하고자 했다. 또한 노예제도 아래에서는 허용되지 않았지만 이제는 온 가족이 함께 일하기를 희망했다. 일부 흑인 여성들은 더 이상 들에서 일하기를 거부하고, 자녀를 돌보고 텃밭을 일구는 것으로 만족하기도 했다.

노예 출신 자유민들이 으레 그렇듯이 조지 테일러 역시 자기 나이를 정확히 알지 못했다. 다만 어림짐작으로 남북전쟁이 끝났을 무렵 스물세 살 정도라고 생각했다. 앨라배마 주 콜버트 카운티에서 살았던 그에게는 땅도 집도 돈도 없었다. 하지만 젊은 아내와 함께 하루하루 조금씩이나마 더 나은 방향으로 생활을 일구겠다는 열망이 가득했다.

"밤낮을 가리지 않고 일했습니다." 조지는 자유를 얻은 뒤 처음 몇 해를 이렇게 회상했다. "200에서 300묶음의 나무를 베야 했는데, 한 묶음당 1달러를 받았습니다. 넘어뜨린 나무를 일정한 크기로 자를 일꾼들도 고용했습니다. 그렇게 해서 하루에 2 내지 3달러를 벌었습니다." 과거 노예였던 남자로서 이것은 괄목할 성과였다.

1868년에 이르러 조지는 마침내 자기 오두막을 갖게 되었고, 백인 농부로부터 임대한 60에이커의 땅을 일구어 겨우겨우 생계를 잇기 시작했다. 백인 농부가 가축과 사료, 씨앗을 제공하면 그 대가로 조지는 추수를 마친 후 수확물의 절반을 농부에게 주었다. 이런 경작

사우스캐롤라이나 주의 한 자유민이 임대 토지에서 쟁기질을 하고 있다. 자유민에게 반작 제도는 자작농이 되어 옛 주인들로부터 독립하기 위한 중요한 첫걸음이었다. - 『프랭크 레슬리스 일러스트레이티드 뉴스페이퍼』, 1866년 10월 20일; 미국 의회 도서관

체계를 당시 '반작'半作 혹은 '배메기'라고 불렀다. 반작 제도 아래 지주는 농업 노동자에게 먹을거리와 함께 씨앗, 노새나 말과 같은 필요 용품을 판매하고, 농토의 일부를 경작하도록 허락했다. 이 제도로 가족은 함께 일할 수 있고, 스스로 노동 속도를 결정하고, 자신의 노동을 통해서 수익을 얻을 수 있었다. 반작 가구가 수확한 작물의 일정 부분(대개는 3분의 1)을 차지하고 나머지를 지주에게 대가로 지급하면, 지주는 이것을 판매해 수익을 얻었다.

많은 백인 지주들이 흑인에게 토지를 빌려주지 않으려고 했지

만, 소유한 땅은 많아도 가진 돈은 없는 지주들에게 반작 제도는 상당히 괜찮은 제도였다. 남북전쟁의 여파로 백인 지주들의 재정 상태는 파산 지경에 이르렀고, 임금을 지불할 현금은 물론 돈을 융통할 근거도 없었기 때문이다. 지주 입장에서 이런 형태의 농장 경영은 일손 부족이라는 난제를 해결할 수 있고 1년 내내 믿을 만한 노동력을 안정적으로 제공받을 수 있다는 장점이 있었다.

처음에는 이 반작 제도가 자유민과 지주 모두에게 유리하며 바람직한 타협으로 여겨졌다. 심지어 북부의 인종주의자들조차 이 제도에 만족했다. 흑인 노동력이 남부에 계속 머물면 임금 조건이 나은 광산이나 제분소, 공장의 일자리는 여전히 백인 남성과 여성, 아이들 차지로 남을 것이기 때문이었다.

그러나 이 반작 제도는 오래지 않아 많은 자유민들에게 끔찍한 재앙이 되었다. 공정하고 정직한 지주가 아예 없었다고는 할 수 없지만, 상당수가 자신의 소작농들을 속였다. 그들은 일꾼들의 몫을 가능한 한 가장 낮은 수준에서 정하고, 필요 용품에 대해서는 과도한 비용을 부과했다. 추수기에는 쿠 클럭스 클랜의 도움을 받아 소작인들을 약탈하거나 땅을 떠나라고 강요해 수확한 작물을 오롯이 차지하는 경우도 있었다.

군정이 실시되던 당시 버지니아 주의 주지사는 근로 계약 준수 의무에서 벗어나려고 대농장주가 노동자를 살해하는 경우가 있다고 보고하기도 했다. 대부분의 경우 대농장주를 체포해 봐야 헛수고였다. "그런 부류의 살인을 저지르는 신사에게는 신사 친구들이 많았는

버지니아 주에서 임금을 주지 않으려는 백인 남자들이 총을 쏘며 흑인 일꾼들을 그들이 일 군 밭에서 쫓아내고 있다. -『하퍼스 위클리』, 1867년 3월 23일; 뉴욕공립도서관 일반 연구 부, 애스터 · 레녹스 · 틸든 재단

데 그들이 대개 치안판사로 일하고 있어서 친구들을 심리하고도 그 대로 방면했다." 당시 주지사였던 존 스코필드는 이렇게 보고했다.

또한 사소한 위반 사항을 찾아내 이걸로 꼬투리를 잡아 근로 계 약을 어기는 지주들도 있었다. "수확한 작물이 들녘에 쌓이는 8월과 9월에 가장 극심했습니다. 별것 아닌 모욕이나 사소한 누락 하나면 일꾼들에게 등을 돌리고 마는 이유로 충분했습니다. 그리고 나면 계 약에 따라 그들은 아무것도 가질 수가 없었지요." 흑인으로서 플로리 다 주의 상원 의원을 지낸 로버트 미첨이 말했다.

본래 자신이 노예로 부리던 자유민들에게 임금을 지불해야 한 다는 생각에 격분하며 간단히 지급을 거절하는 대농장주도 있었다.

"옛 주인이 말했습죠. '너는 이제 자유다. 하지만 계속 일하면서 옥수수와 면화를 재배할 수 있다. 그러면 크리스마스 때 네 몫을 나누어 주마.'라고요." 사우스캐롤라이나 주 뉴베리 출신의 프레드 제임스가 말했다. "그래서 우리 모두가 열심히 일했어요. 크리스마스가 돌아왔고, 주인님은 스스로 알아서 먹고 살라며 말을 바꾸었어요. 우리에게 아무것도 나누어 주질 않았습니다. 우린 여물통에서 옥수수를 훔쳐 먹을 수밖에 없었습니다."

이런 경우 해방노예국은 직원을 파견해서 대농장주와 농부를 체포했다. 남부 백인들은 해방노예국이 자신들의 말을 거스르고 자유민의 주장을 받아들이면서 자유민 편만 든다고 다시 분통을 터뜨렸다. "그들은 불만 가득한 깜둥이들이 아무렇게나 지껄이는 말을 곧이곧대로 믿었습니다." 앨라배마 주의 대농장주 P. T. 세이어는 이렇게 불평했다. "그러고는 사람을 보내 백인들을 체포했지요. 호송하는 사람을 붙여 데리고 가서 재판을 하고 감옥에 처넣으려고 했어요."

그러나 맡은 임무를 원만하게 수행하기에는 의회가 제공하는 예산과 인력이 항상 부족했기에, 해방노예국으로서는 파렴치한 고용주나 클랜의 폭력으로부터 400만 명에 달하는 자유민들을 효과적으로 보호하는 것이 사실상 불가능했다. 남부 11개 주에 파견된 해방노예국의 직원 수는 기껏해야 900명이었고, 카운티당 고작 직원 한 명이 배정되는 경우가 많았다. 카운티 내 자유민의 수가 1만 명에서 20만 명에 이르렀던 상황을 감안한다면, 그 직원들이 감당해야 할 업무가 너무 과중했음을 알 수 있다.

해방노예국 직원이 성난 백인과 흑인 사이를 중재하는 낙관적인 그림. 인종 간 긴장이 폭동
으로 악화되지 않도록 해방노예국이 통제할 수 있다는 의미이다. 함께 게재된 사설에서는 해
방노예국이 이룬 성과를 치하했다. ─『하퍼스 위클리』, 1868년 7월 25일; 미국 의회 도서관

이처럼 좋지 않은 조건에서도 앨라배마 주 콜버트 카운티에 살았던 조지 테일러는 반작 제도에 만족했다. 그는 지주가 공정한 사람이라고 여기며 다음과 같이 말했다. "살면서 겪어 본 다른 누구보다 바른 사람이었습니다."

조지는 자신이 이룬 성과가 자랑스러웠다. "말을 두 마리 사기로 계약하고 조금씩 그 대가를 지불하고 있었습니다. 고기와 설탕, 커피도 살 수 있었고 몇 가지 물건은 미리 사서 집 안에 따로 쟁여 놓기도 했고요."

수개월 동안 조지와 그의 아내는 큰 문제없이 생활을 꾸려 나갔다. 쿠 클럭스 클랜이 공화당에 투표한 흑인들에게 끔찍한 행패를 부린다는 소문을 알고 있었던 조지는 심지어 민주당원으로 등록했고, 그들이 자신과 가족을 가만히 놔두기를 간절히 기도했다.

그러나 하늘도 무심하게, 1869년 1월 어느 날 새벽 3시경에 조지와 그의 아내는 오두막 문을 세차게 두드리는 소리에 잠에서 깼다. 다음에 기억나는 것이라고는 여섯 명의 클랜 단원이 폭풍처럼 사납게 밀고 들어와 집 안을 한바탕 휩쓸고 갔다는 것뿐이다. 그들은 검은색 통옷을 입고 흰색 복면을 머리에 뒤집어 쓴 모습이었다. 눈썹 자리가 표시되어 있고 눈과 코 자리에 구멍이 뚫려 있었다. 복면의 양쪽 끝에는 뿔이 달려 있었다.

사내들이 조지를 침대에서 잡아끌어 밖으로 질질 끌고 가면서 자기들이 "조금 전에 달에서 왔다."라고 말했다. 조지는 발버둥을 치며 저항했지만, 남자들이 힘으로 그를 눌렀고 땅에 얼굴을 박아 옴짝

물에 빠져 죽어 가면서조차 백인 우월주의를 포기하지 않는 남부 백인을 묘사한 이 석판화는 당시 대다수 북부인과 공화당의 견해를 반영하고 있다. - 커리어 앤드 아이브스, 미국 의회 도서관

달싹 못 하게 만든 후 채찍을 휘둘렀다. 수백 대를 맞았을까, 채찍이 등뼈까지 파고드는 듯 고통스러웠다.

그들은 조지에게 사흘 말미를 주며 콜버트를 떠나라고 명령했다. 명령에 따르지 않을 때에는 다시 돌아와 "목을 매달아 버리겠다."라고 경고했다. 목숨을 잃을까 봐 두려웠던 조지와 그의 아내는 집과 수확한 작물을 모두 포기하고 세간도 챙기지 못한 채 달아났다.

"제 가늠으로 당시 입은 손실이 500달러(오늘날 가치로 8800달러) 정도였다고 생각합니다."라고 조지는 훗날 말했다. "노새 두 마리에 60에이커의 땅, 한 해 동안 사용할 각종 도구나 비품을 하나도 챙기지 못했습니다."

자신이 쿠 클럭스 클랜에게 공격당한 이유가 무엇인지 조지는 도무지 이해할 수 없었다. "저는 일하고 또 일했습니다. 그곳에서 결혼했고 항상 행동거지를 조심했습니다. 누구도 함부로 대한 적이 없어요. 그들(백인들)은 저를 인정해 주는 것 같았습니다."

하지만 쿠 클럭스 클랜의 공격을 보다 잘 이해하는 다른 흑인 미국인들도 많았다. "그들은 조금이라도 무언가를 가진 당찬 깜둥이를 찾아내면 거의 죽을 지경까지 채찍질을 하고 입에는 재갈을 물린 채 살 수 있으면 살아 보란 듯이 그대로 내버려 둡니다." 노스캐롤라이나 주 출신으로 옛 노예였던 W. L. 보스트는 이렇게 말했다.

쿠 클럭스 단원들이 흑인의 토지 소유와 자립을 방해하고 나섬에 따라 조지 테일러처럼 성공한 소작농을 대상으로 한 분노 범죄가 이 카운티에서 저 카운티로, 이 주에서 저 주로 전염병처럼 횡행했

IF HE IS A SOUTHERN GENTLEMAN,

VERDICT "A GOOD JOKE ON A NIGGER".

(위) 그가 남부의 신사라면,

(아래) 평결: "깜둥이에게 건넨 사소한 농담"

토머스 내스트는 남부에서는 흔한 일상인 사법부의 이중 잣대를 묘사했다. 아무리 흉악한 범죄를 저질렀다 해도 범법자가 '남부의 신사'라면 그것은 사소한 농담에 불과했다. 이유는 간단했다. 법 앞의 평등한 대우가 인종 간 평등을 의미하지는 않기 때문이다. ─『하퍼스 위클리』, 1867년 3월 23일; 뉴욕공립도서관 내 숌버그 흑인문화연구소다. 쿠 클럭스 클랜 단원들은 흑인 가족을 집에서 내쫓고 그들이 추수한 작물을 훔치고 가축을 도살했다.

그러나 역설적이게도 지주들에게 절실하게 필요했던 농사 일손과 소작인들을 이런 식으로 쫓아냄으로써 쿠 클럭스 클랜은 남부가 겪고 있던 경제적 어려움을 가중시키는 결과를 낳았다. "몽둥이찜을 해서 일꾼들이 달아나 버리는 바람에 일손이 씨가 말랐었습니다." 사우스캐롤라이나 주의 백인 농부 조지 가너는 말했다. "농장을 운영하기 위해 필요한 일손을 구할 수가 없었어요."

앨라배마 주의 촉토 카운티에서는 한 흑인 동네 안에서만 무려 네 명이 살해되었는데도 체포된 사람은 아무도 없었고, 때문에 많은 자유민들이 오두막과 농장을 버리고 달아났다. "장담컨대 이 짓거리(쿠 클럭스 클랜의 폭력 행위) 때문에 이 나라가 망하고 말 겁니다." 살인 사건이 일어난 후 6주 동안 들녘의 작물을 내버리고 숲 속에서 바잡게 숨어 지냈던 맥 틴커가 말했다. "사방 16킬로미터 안에는 일할 마음이 있는 유색인이 단 한 명도 없었을 겁니다. 당시 다른 흑인들 못지않게 수확은 좋은 편이었지만 결단코 일을 계속할 수 없었어요. 낮 동안에는 좀처럼 일에 집중할 수가 없었고 밤이면 밤마다 살해당할까 봐 무서웠습니다."

희생자의 입장에서 믿고 의지할 만한 수단은 거의 없었다. 농촌의 자유민 중 상당수가 사냥용 총을 갖고 있기는 했지만, 토끼나 작은 사냥감을 맞추는 데나 쓸 만했지 클랜 단원들이 사용했던 군용 권총이나 강력한 윈체스터 연발 라이플총과는 상대가 되질 않았다. 저항하거나 방어한 자유민들은 클랜이 가족에게 복수할까 봐 걱정했다.

클랜의 희생자들이 공격받은 내용을 신고해도 헛수고였다. 보안관이나 치안판사, 지방 공무원 중 상당수가 부패했거나 비밀 조직에 속해 있었고, 설혹 그런 조직에 속하지 않았다 하더라도 두려움 때문에 제대로 법을 집행하지 못하는 경우가 허다했다. 피해자가 위험을 감수하고 고소해서 용의자를 체포하는 데까지는 어떻게든 성공한다 해도, 이후의 재판 절차에서 목격자들은 증언을 거부했고 아무리 명백한 증거를 제시한다 해도 배심원단은 유죄 결정을 내리지 않았기 때문에 부질없는 일이었다.

미시시피 주에서 한 흑인 남자가 임금을 체불한 백인 고용주를 고소했다는 이유로 채찍질당하는 사건이 일어났다. "깜둥이들이 백인을 고소해서, 그런 방법으로 권리를 얻어 내고 있다고 말했답니다." 자유민의 처지를 동정했던 백인 세금 징수원 앨런 P. 허긴스가 말했다.

앨라배마 주에서는 존 테이로 콜먼이라는 백인 남자가 쿠 클럭스 클랜으로부터 손으로 꼼꼼히 작성한 '관 경고장'을 받았다. 흑인에게 열차의 선로 관리원 자리를 소개했다는 이유로 "밧줄을 당기겠다."라며 그를 협박한 것이다. "그들은 흑인 선로 관리원도 흑인 소방관이나 흑인 열차 제동수도 아무도 원하지 않았던 거지요."라고 콜먼이 말했다.

테네시 주에서 활동하는 쿠 클럭스 클랜 문제를 조사하기 위해 해방노예국에서 군 장교 한 명을 파견한 적이 있었다. 이 장교는 테

당신 영혼에 저주를. 끔찍한 **무덤**과 핏빛 달이 마침내 당도했다. 오늘까지 명줄이 붙어 있던 자가 내일은 '**죽을 것이다.**' 아래 서명한 우리는 그랜드 '**사이클로프스**'를 통해서 당신이 깜둥이 녀석을 선로 관리원으로 추천했다는 사실을 알고 있다.

종소, 선생이 그를 철로 위에 세우는 날, 결국 자기 목에 밧줄을 걸어 당기기로 결심한 셈이란 걸 깨달아야 할 겁니다. 이 문제에 대해서 할 말이 있다면 1871년 10월 1일 자정에 소굴 제4호에서 그랜드 사이클로프스와 지도부를 만나 비밀 회의에 참여하시오.

당신이 칼레라에 머무는 한 조용히 입 다물 것을 경고합니다. 당신의 혀를 함부로 놀려 너무 많은 말을 지껄이지 마시오. 경고를 듣지 않는다면 불시에 납치당해 끌려 와 밧줄이 늘어지는 일을 당하게 될 것이오. 조심, 조심, 조심, 또 조심하시오.

(서명)그랜드 사이클로프스, 필립 아이젠바움.

존 뱅크스타운.

에서 데이비스.

마르쿠스 토머스.

피투성이 뼈다귀.

그리고 아시다시피, 클랜의 다른 모든 단원들.

흑인에게 일자리를 소개했던 존 테이로 콜먼에게 쿠 클럭스 클랜이 보낸 '관 경고장'
　- 「KKK단 보고서」에서 재인쇄, 존 테이로 콜먼, 앨라배마 주, 제2권, 1054쪽

네시 주 전역에서 벌어지는 사태를 파악하고는 공포에 휩싸였다고 한다. "시 당국은 물론이고 시민사회 전체가 살인자를 심판하려는 의지도 바람도 전혀 없었다." 조지프 W. 겔레이는 이렇게 기록했다. "범법자를 처단할 힘을 가진 자들은 그럴 의지를 갖지 않았고, 처단하고자 원하는 사람들은 힘없고 겁에 질려 있었다."

이런 위험을 감수하면서도 흑인 미국인들은 자기 땅을 가진 자영농이 되겠다는 꿈을 꾸었지만 그 꿈을 위해 목숨을 걸어야 하는 경우가 너무 많았다. 플로리다 주의 도시 라이브오크에서는 클랜이 흑인 자영농과 함께 그의 아내, 세 명의 어린 자녀까지 가족 전체를 공격했다. "숨통이 끊어질 지경까지 저를 팼습니다."라고 도크 라운드트리가 말했다. "망할 깜둥이 놈들에게는 먹고살 땅을 줄 수 없다고 그자들이 말했습니다. 그러고는 제게 다음 날 아침에 옛 주인인 존 셀러스를 찾아가 다시 그를 위해 일하라고 명령했지요."

남부의 일부 지역에서는 백인들이 부쳐 먹고자 하는 땅이 있으면 쿠 클럭스 클랜 단원들이 그들을 대신해 흑인 가족을 내쫓아 주었다. 플로리다 주의 클레이 카운티에 살았던 새뮤얼 텃슨과 그의 아내 해너 텃슨은 백인 이웃으로부터 3에이커의 땅을 매입한 뒤 추가로 공유지 160에이커를 불하받아 목화와 옥수수, 감자 등을 경작했다. 해너는 부업 삼아 이웃에 사는 백인 가정을 위해 세탁부로도 일해 가욋돈을 벌었다.

그렇게 2년 동안 일해 텃슨 가족은 땅을 늘려 갔고, 오두막을 짓고 두 가지 작물을 심어 수확했다. 1871년 봄, 세 번째 작물의 파종

그림 속 남자들은 클랜 복장을 착용하지는 않았다. 하지만 백인 소녀의 공격에 대항했다는 죄목으로 자유민 여성에게 클랜과 유사한 폭력을 행사하고 있다. 다섯 명의 백인 남자들이 돌아가며 두꺼운 채찍으로 126차례 매질했다. - 『하퍼스 위클리』, 1867년 9월 14일; 뉴욕 공립도서관 일반 연구부, 애스터·레녹스·틸든 재단

을 막 마쳤을 때 버드 설리번과 백인 몇 명이 해너를 찾아와 다른 백인에게 땅을 넘기라고 협박했다. 그 백인 남자는 텃슨 가족이 소유한 토지 가치가 오른 것을 알아보고 자기가 차지하려 했던 것이다.

그러나 해너는 단호하게 말했다. "차라리, 이 땅 위에서 죽겠어요."

버드 설리번은 불같이 화를 내면서 해너에게 자신의 말을 똑똑히 듣고 명심하라며 경고했다. "땅을 넘기자고 당신 남편을 설득하는 게 좋을 거야. 한 달 정도 말미를 줄 테니, 그 안에 땅을 포기하지 않는다면 그들이 다시 찾아 올 거라고. 그때는 여럿이 찾아와 당신 남편을 밖으로 끌어내고 당신에게는 이 잔디 맛을 보게 해 주지."

해녀는 이미 그보다 끔찍했던 세월을 살아왔고 노예제도하의 매서운 시대도 견뎌 냈던 터였으므로, 이러한 협박에 겁먹지 않겠다고 스스로를 다독였다. "그 모진 시절을 사는 동안 그들이 얼마나 많이 나를 데려가 옷을 벗기고는 채찍질해 댔는지 아나요?" 해녀가 말했다. "땅만 지킬 수 있다면 그들이 내게 무슨 짓을 하든 상관하지 않아요."

3주 후, 복면한 남자들이 한밤중에 텃슨 씨네 오두막에 마구잡이로 쳐들어왔다. 새뮤얼과 해녀는 자기들을 공격하는 자들이 누구인지 정체를 바로 알 수 있었다. 해녀가 세탁 일을 해 주는 가족에 속한 남자들이었다. "저는 그들을 위해서 허드렛일을 하고 빨래를 해 주었지요. 불과 2주 전에 그의 어머니 집에 있었다고요, 세탁 일을 해 주었고요."

남자 서넛이 달려들어 새뮤얼을 덮쳤다. 새뮤얼도 버둥대며 발을 차고 주먹을 날렸지만 남자들 여럿이 힘으로 새뮤얼을 제압했고 집 밖으로 끌고 나갔다. 패악을 떠는 무리 중 하나였던 부보안관 조지 매크리어는 해녀가 태어난 지 고작 10개월 된 아기를 안고 있던 집으로 거세게 밀고 들어왔다. 그는 해녀의 목을 그러쥐고 힘껏 졸랐다. 그런 다음 갓난아이의 발을 낚아채 해녀의 품에서 떼어 냈다. 그러고는 아기를 방 저편으로 던져 다리를 다치게 했다.

남자는 해녀를 잡아끌더니 들로 데리고 나가 나무에 동여맸다. 그리고 말안장을 얹을 때 졸라매는 쇠붙이 달린 뱃대끈으로 해녀를 사정없이 패기 시작했다. "그들은 머리끝부터 발바닥까지 제 온몸을 마구 휘갈겼어요." 해녀는 말했다. "살갗이 거의 벗겨질 지경이었어요.

1865년에 제작된 이 삽화는 남부 연합의 지배 아래 남부의 흑인들이 겪어 내야 하는 고단한 현실, 그리고 집과 자녀 교육, 공평한 임금, 사법 정의가 실현되는 미래의 삶에 대한 자유민들의 염원을 대조적으로 표현하고 있다. - 미국 의회 도서관

허리에서 피가 철철 흘러 옷을 완전히 적셨어요."

마침내 매질을 멈춘 뒤 네 남자는 떠나고 조지 매크리어만이 남았다. 그는 피투성이가 된 해너를 강간하고 들에 그대로 버려둔 채 떠났다. 매질로 피범벅이 된 해너는 휘청거리며 가까스로 집으로 돌아왔지만, 집 안은 엉망진창이었고 아이들은 간 곳이 없었다.

해너는 미친 듯이 이웃집 문을 두드렸다. "빨리 등불 좀 달라고 부탁했어요. 그래야 돌아가서 아이들을 찾을 수 있다고요." 해너가 말했다.

해너는 그날 밤 없어진 아이들을 찾아 햇불을 들고 20킬로미터 정도 헤맸던 것 같다고 했다. 다음 날 기진맥진해서 거의 포기하려

할 즈음, 들에 숨어 있던 아이들을 마침내 찾아냈다. "갓난아이인 동생이 울고 보채니 아기를 안고 나와 구스베리 열매를 몇 개 따서 입에 넣어 주었다고 제 어린 딸이 말하더군요."

새뮤얼 역시 끔찍하게 맞았지만 간신히 목숨만은 구했다. 클랜의 공격을 받았던 희생자 대부분은 너무 놀라 감히 신고할 엄두도 내지 못하는 경우가 허다했지만, 해너는 남자들을 시 당국에 신고했다. 공격했던 남자들 중 몇 명이 체포되기는 했지만 빠르게 방면되었다. 끔찍한 공격으로 몸과 마음을 상한 것으로도 모자라 체포된 쪽은 오히려 해너였고, 무고죄로 벌금형을 받는 모욕을 감수해야 했다. 그녀는 이웃 중 한 명이 텃슨 가족의 황소와 수레를 저당 잡아 빌린 돈으로 벌금을 내 준 후에야 비로소 석방되었다.

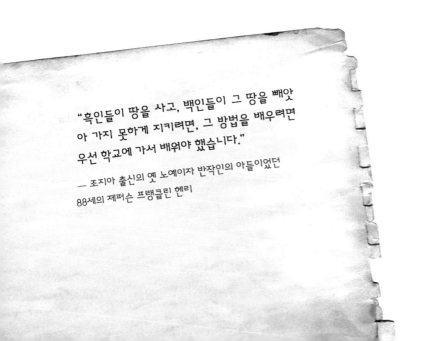

"흑인들이 땅을 사고, 백인들이 그 땅을 빼앗아 가지 못하게 지키려면, 그 방법을 배우려면 우선 학교에 가서 배워야 했습니다."

— 조지아 출신의 옛 노예이자 반작인의 아들이었던 88세의 제퍼슨 프랭클린 헨리

7장

"흑인들 모두가 학교에 가기 위해 애썼습니다."

클랜이 이런저런 패악을 일삼는다는 소문은 북부에도 전해졌다. 하지만 다 큰 성인 남자들이 유령 같은 차림으로 변장하고 죄 없는 사람들을 습격한다는 이야기는 너무 터무니없고 끔찍해서 쉽게 믿기질 않았다. 북부 출신의 한 젊은 교사도 스스로를 쿠 클럭스 클랜이라고 부르는 남자들이 밤마다 말을 타고 살인을 저지르고 다닌다는 이야기를 자주 듣기는 했지만 크게 개의치는 않았다. "저 스스로가 한동안 그저 입에서 입으로 전해지는 귀신 이야기쯤으로 취급했던 것 같습니다." 아일랜드 벨파스트 출신의 이민자였던 코닐리어스 맥브라이드가 말했다. "사실 그런 소문이 진짜 일어나는 일이라고는 믿지 않았던 거지요."

1869년 당시 23세였던 맥브라이드는 흑인 어린이를 가르치는 교사가 되려고 오하이오 주를 떠나 미시시피 주로 이주했고, 처음에

『하퍼스 위클리』가 1867년 봄에 이 그림을 게재했을 당시 기자는 흑인 학교에 대해서 낙관
적인 기사를 썼다. "학교들은 매우 성공적으로 기반을 잡았고 반란군으로부터 방해당하는 일
은 좀처럼 없다." 이런 왜곡된 기사 때문에 북부의 독자들은 클랜의 폭력 행위를 믿기 어려
웠다. - 『하퍼스 위클리』, 1867년 5월 25일; 미국 의회 도서관

는 사립학교에서 근무하다가 후에 공립학교로 옮기게 되었다.

당시 해방노예국의 지도 아래 공립학교를 세우고 어린이를 가
르치고자 북부에서 남부로 이주한 남녀 교사는 4000명이 넘었다. 맥
브라이드도 그들 중 하나였다. 교사들 상당수가 미국 선교 협회*의
회원이었고, 그렇지 않은 경우에는 민간이 설립한 북부 여러 자선단

체로부터 지원받는 경우가 많았다. 요컨대 해방노예국은 31개 종교
단체 및 20개 세속 단체와 협력하고 있었다. 해방노예국과 함께 이
들 단체가 남부 지역에 학교를 설립하기 위해 지원한 기부금은 약
500만 달러에 달했다.

북부 출신 교사들은 대부분 백인이었고 중산층 이상의 넉넉한
계층에 속했다. 전직 북군 군인, 의사, 간호사도 일부 포함되었지만
대다수는 여대생이거나 대학을 졸업한 지 얼마 안 된 젊은 백인 여성
들이었다. 또 대부분이 독실한 신앙인이었고 남북전쟁 이전부터 노
예제도에 반대했던 노예 폐지론자들, '지하 철도' 조직의 '역'에 해당
하던 마을 출신이 많았다.**

이들 교사 중 20퍼센트가량이 흑인 남녀였는데, 1870년에 이르
러서는 그 비중이 절반 수준으로 증가했다. 제한된 교육을 받은 옛
노예 출신도 다소 포함되어 있었다. 아프리카 감리교 감독 교회와 아
프리카 감리교 감독 시온 교회 등으로 대표되는 흑인 교회들도 학교
를 세우고 교사를 양성하고 파견했다. 흑인 시민 사회는 곤궁한 생활
속에서도 땀 흘려 모은 돈 100만 달러를 학교 설립과 교사의 임금 지

---

* 1846년에 설립되어 노예제도 폐지를 주창한 개신교 기반의 단체.

** '지하 철도'는 19세기에 노예주에서 살고 있는 흑인 노예들을 다른 주나 캐나다로 탈출시켰
던 비밀 조직이다. 실제로 기차나 철로를 이용하지는 않았고 흑인 노예의 탈주를 도우면서 '차
장'(안내자), '역'(은신처, 중간 대기 장소), '소포' 또는 '화물'(탈출하는 사람), '노선'(탈출로),
'수송'과 같은 철도 용어를 은어로 사용했기 때문에 '철도'라는 이름이 붙었다. 흑백 양쪽의 노
예 폐지론자나 그 동조자들이 활동했는데, 특히 자신도 노예로 태어났으나 탈출 후 노예해방 운
동에 헌신했고 '차장' 역할을 하며 많은 노예들의 탈출을 도운 흑인 여성 해리엇 터브먼(Harriet
Tubman), 아내와 함께 2000여 명의 탈출을 도운 퀘이커교도 레비 코핀(Levi Coffin)이 대표적
이다.

사우스캐롤라이나 주 찰스턴에서 아프리카 감리교 감독 시온 교회가 1865년에 설립한 유색인을 위한 시온 학교는 종교, 사회, 교육적 사명을 위해 헌신했다. 1866년에 학생 850명이 이 학교에 등록했고, 열세 명의 교사 모두가 흑인이었다. -「하퍼스 위클리」, 1866년 12월 15일; 미국 의회 도서관

불을 위해 기부하기도 했다.

　다시 아일랜드 출신의 젊은 이민자 코닐리어스 맥브라이드 이야기로 돌아가자면, 그가 미시시피 주의 스파타에 당도했을 때 어느 부유한 대농장주가 그에게 방을 빌려주며 하숙을 제안했다. 대저택 뒷마당에서는 농장주가 소유했던 옛 노예들이 방이 한두 칸 딸린 오두막에서 살고 있었다. 먹고 잘 수 있는 장소를 확보한 코닐리어스는 교과 계획과 학교 일에 집중할 수 있었다. 배우려는 열망으로 가득한 흑인 학생의 수가 여든 명이 넘었으므로 젊은 교사는 곧바로 야간까지 수업을 연장해, 낮에는 들녘에서 일손을 돕고 저녁에 학교에 와서 수업을 들을 수 있도록 학생들을 배려했다.

　해방노예국은 업무가 과중한 탓에 남부 지역에 공립학교를 설립하는 과업을 추진하는 데 코닐리어스 맥브라이드와 같은 젊은 교사들의 헌신에 크게 의지하고 있었다. 당시의 높은 문맹률, 특히 평생 동안 교육받을 기회를 누려 본 적이 전혀 없는 옛 노예들의 문맹률을 감안한다면 힘에 겨운 고된 업무였다. 전후, 옛 노예 400만 명 중에서 읽고 쓸 줄 아는 사람은 고작 5퍼센트에도 미치지 못하는 15만 명뿐이었다.

　백인과 흑인을 대상으로 하는 공교육을 백인 미국인들은 복합적인 심정으로 바라보았다. 어떤 사람들은 교육이 모두에게 필요하지는 않다고, 특히 하위 계층에 속하는 이들에게는 무용지물이라고 생각했다. 몹시 가난한 백인 농부들 중에도 비문해자가 많았던 남부에

자유민 여러분께
웬들 필립스
읽고 쓰는 법을 배우는 것에 관하여

1865년 7월 16일, 보스턴

친애하는 친구 여러분.

여러분은 북부인들이 흑인의 투표권 행사에 대해서 어떻게 생각하는지 궁금할 것입니다. 이 의문에 대한 나의 대답은 이렇습니다. 북부인 중 3분의 2는 당연히 흑인이 투표권을 가져야 한다고 생각하고, 나머지 3분의 1은 투표권을 행사해야 하지만 그럴 수 있을 때까지 보류하자라고 생각합니다. 그러나 그 반대가 매우 심해서 앞으로 수년 동안 미뤄질까 두렵습니다.

어쩌면 글을 읽고 쓸 수 있는 사람만 투표하고 나머지에게는 투표권을 인정하지 않는 협의가 이루어질 수도 있습니다.

때문에 유색인 모두가 읽고 쓰는 법을 당장 배울 것을 촉구합니다. 현재로서는 투표할 수 있는 권리가 읽고 쓰는 법을 아느냐 모르느냐로 판가름될 가능성이 높기 때문입니다. 시간이 넉넉하지 않으니 지금 바로 읽고 쓰는 법을 배우기 시작해야 합니다.

진심을 담아,

제임스 레드패스 씨에게   웬들 필립스

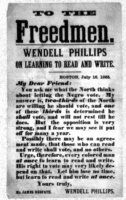

웬들 필립스Wendell Phillips는 노예제도 폐지론자이자 자유민의 권리 보장을 위해서 투쟁한 사회 개혁가였다.

– 미국 의회 도서관

서 특히 지배적인 생각이었지만, 당시 비교적 공립학교가 많이 설립되었던 북부의 반응도 크게 다르지는 않았다. 배움을 통해서 자유민들이 보다 훌륭한 일꾼이자 시민으로 거듭날 수 있다고 믿는 백인들도 간혹 있었지만, 들에 나가 일하거나 백인을 위해 허드렛일을 하는 것이 소임인(그들이 그렇다고 믿고 있었던) 흑인들에게 교육이 다 무슨 소용인가라고 생각하는 축도 있었다.

남부 지주들의 생각도 마찬가지였다. 특히 고사리손도 아쉬운 경작과 수확 시기에 절실한 농촌 노동력이 이탈하자 그들은 분개했다. 그들에게는 목화 씨앗을 뿌리는 이른 봄부터 마지막 목화솜을 거두는 가을까지 들에서 일할 아이들이 필요했다. 보다 많은 흑인 어린이들이 학교에 입학하면 할수록, 들녘에서 농사일을 도울 일손은 줄어드는 셈이었다.

한편, 자유민들을 대상으로 하는 학교 교육 자체에는 반대하지 않는 남부 백인들도 있었다. 다만 학교의 교과 과정, 다시 말해 백인 우월주의라는 기본 개념을 저해하는 수업 내용에는 반대했다. 그들은 북부 출신의 교사들이나 선교사들이 양키의 관점에서 지리나 역사와 같은 과목을 가르치고, 수업을 통해 사회적·인종적 평등이라는 공화당 급진파들의 생각을 주입하고 있다고 불평했다. 남부 백인들은 그런 수업 내용으로 인해 흑인 학생들이 옛 주인이나 다른 백인들을 싫어하고 불신하게 될까 봐 우려했다.

이런 백인들의 시각에서 보자면, 양키들이 세운 학교란 남부를 상대로 완승을 거두기 위한 남북전쟁의 연장선에 있었다. "검둥이들

"어렸을 적에 두 해 겨울 동안 잠깐씩 학교에 갔어요. 한 학기를 처음부터 끝까지 다닌 적은 한 번도 없고요. 일을 해야 해서 농번기가 끝나고 일을 하지 않을 때만 학교에 다녔지요."

세라 프랜시스 쇼 그레이브스
1937년 사진을 촬영할 당시 그녀는 87세였다. 갓난아이였을 때 엄마와 함께 미주리 주의 어느 가족에게 팔렸다. 아버지는 계속해서 켄터키 주에 남아 있었지만, 그녀와 엄마가 어디에서 살고 있는지는 전혀 관심 밖이었다. 세라와 어머니는 다시는 그를 만난 적이 없다.

이 양키의 영향을 받아 우리에게 부정적인 태도를 보이는 걸 원치 않는다면 우리 스스로 검둥이들을 가르쳐야 합니다."라고 버지니아 출신의 머르타 록하트 에버리는 썼다.

한편, 재산세 징수로 마련한 재원을 학교 운영비나 교사 임금에 충당하기에 공교육에 반대하는 남부 백인들도 있었다. 이런 견해를 가진 사람들은 교육이란 국가가 아닌 가족이나 교회의 책임이라고 생각하고 있었다. 당시까지는 부유한 지주들이 자녀 교육을 위해서 개인 교사를 고용하거나 사립학교에 보내는 것이 관례였고, 이제 와서 상황을 바꿀 이유는 없다고 본 것이다. 자녀를 교육하고자 원하는 빈곤한 백인 농부나 노동자는 스스로 그 비용을 충당해야 하며, 지주들한테 부담을 전가하는 꼴이니 세금으로 교육비를 충당해서는 안 된다고 그들은 주장했다.

(그림 위) 'hoe'에서 소리 나지 않는 글자는 무엇일까요? clean에서는? 'jist'가 아니라 'just', 'coth'가 아니라 'catch', 'set'이 아니라 'sit', 'fader'가 아니라 'father'라고 올바르게 말해요.

(그림 아래) 자유민의 가정
이 가정을 보세요! 얼마나 깨끗하고 얼마나 따뜻한지, 얼마나 즐거움이 가득한지 보세요! 이곳에는 하루 종일 햇볕이 내리쬐는 것 같아요. 하지만 가정이 언제나 환하게 빛나기 위해서는 태양보다 더 중요한 것이 필요하답니다. 그것이 무엇일까요? 바로 사랑입니다.

북부의 개혁가들은 그림에서 보이는 『자유민의 두 번째 읽기 교본』과 같은 교훈적인 교과서를 개발해서 철자 쓰기, 읽기, 발음, 그리고 '모범적인' 혹은 흑인 가정에 대해서 교육했다. - 미국 사회사 프로젝트

"이제 온 마을의 꼬마 검둥이들이 학교에 다니고, 그 비용을 공공이 부담하고 있다." 앨라배마 주 출신의 한 지주는 이렇게 불평했다.

하물며 북부에서 발행되던 잡지 『애틀랜틱 먼슬리』*Atlantic Monthly*의 기고가들조차도 이런 지주들의 입장에 동조했다. "쌓여만 가는 카운티와 마을의 학교세는 마치 뻔히 눈뜨고 보는 앞에서 주머니 속을 헤집어 강제로 털어 가는 타인의 손길처럼 여겨졌다." 40년 가까운 시간이 흐른 뒤 윌리엄 개롯 브라운은 이렇게 썼다.

사실, 남부 전역에서 궁핍은 충격적인 현실이었다. "우리한테는 북부가 가진 어떤 것도 없습니다." 앨라배마 주 모바일 카운티의 한 학교에서 근무했던 북부 출신 여교사는 이렇게 썼다. "대농장주에게는 말 그대로 아무것도 남은 것이 없습니다. 땅 말고는요." 그러나 그 교사는 이렇게 덧붙였다. "그렇지만 남부 사람들이 남북전쟁 당시보다 더 가난해진 것은 아니었습니다."

북군 출신의 한 퇴역 장군은 흑인 미국인을 교육하는 비용과 관련해 지주들이 보였던 일반적인 태도를 다음과 같이 정리했다. "공공의 비용으로 자유민들을 교육시키겠다면 미국 재무부의 부담으로 그렇게 하시든지." 칼 슈르츠는 자신이 작성한 보고서에서 이렇게 적었다. 바꾸어 말하면, 남부의 공공 교육에 쓰이는 비용을 북부가 일부 부담해야 한다는 주장이었다.

몇몇 백인은 교육을 통해 흑인 미국인들에게 인종 평등이라는 개념이 확산되고 결국 흑백 혼혈을 초래할 것이라고 경고했다. "우리가 사회적으로 평등하다면, 백인과 흑인이 결혼도 하게 될 것이다.

이 그림을 통해 당시 가난이 만연했던 남부의 상황을 엿볼 수 있다. 대부분의 농장주에게는 남북전쟁 와중에 파괴된 가산을 수리할 돈이 거의 없거나 전혀 없었다. 절망에 빠진 채 의자에 앉아 있는 백인 여성과 까맣게 그을린 자국, 훼손된 별채가 보인다. - 『프랭크 레슬리스 일러스트레이티드 뉴스페이퍼』, 1867년 2월 23일; 미국 의회 도서관

인종 간 결혼이 허용된다면 우리는 퇴보할 것이고, 결국 우리 모두가 물라토가 될 것이다."라고 남부의 한 백인은 경고했다. "종국에는 백인 가족 국가에서 배제될 것이다."

이 점에 관한 한 북부의 입장도 남부와 다르지 않았다. 자유민들이 굶주리거나 죽지 않도록 많은 백인들이 기꺼이 옷가지와 먹을거리를 제공했지만, 이런 긍휼에도 불구하는 흑인을 위해 학교를 설립하고 교사를 파견하는 일은 내켜 하지 않았다. 교육을 받은 흑인 미국인들이 보다 나은 일자리나 직업을 찾아 북부로 이주해 오면, 결국에는 백인을 밀어내고 일자리를 차지하게 될까 봐 우려했다. 그리고 남부 백인들처럼 흑백 혼혈에 대한 공포도 컸다.

흑인을 대상으로 하는 공공 교육을 둘러싼 이런 인식이 남부 전역에서 팽배했기 때문에 흑인 학교와 소속 교사가 폭력의 표적이 되었다. 적어도 북부 출신 교사들은 자신들을 무시하는 낌새를 눈치챘다. 어떤 교사들은, 표현은 정중했지만 교회와 다른 사회 조직에서 그들을 환영하지 않는다는 사실을 명확하게 밝힌 쪽지를 받기도 했다. 교사에 따라서는 하숙집을 구하거나 먹을거리를 사기 어려운 경우도 있었다. 달리 머물 곳이 없어서 흑인 학생의 집에서 하숙을 얻기라도 하면 남부 백인들은 더욱더 마뜩잖게 생각했다.

앨라배마 주 오펄라이카에서는 백인 여교사에게 하숙을 쳤다는 이유로 아메리카 트램블리스라는 자유민을 쿠 클럭스 클랜이 살해하는 사건이 발생했다. "그 집은 여교사가 하숙을 얻을 수 있는 유일한

"오늘날까지 세계 역사는 흑인 학교에 헌신하기로 결심한 남녀 교사들보다 더 고귀하고 순수하며 이타적인 사람들을 목도한 적이 없습니다……. 언제가 미국사가 쓰인다면(나는 그런 날이 오기를 진정으로 바라마지 않습니다.) 전쟁이 끝난 직후 흑인들의 교육에서 양키 교사들이 담당했던 역할이 이 나라 역사에서 가장 흥미진진한 장면 중 하나가 될 것이 틀림없습니다. 머지않아 남부 전체가 그들의 봉사를 지금까지보다 훨씬 더 높이 평가할 날이 올 것입니다."
- 부커 T. 워싱턴Booker T. Washington, 1901년.

1856년 노예로 태어난 워싱턴은 남북전쟁이 끝난 후 해방되었다. 그는 염전과 석탄 광산에서 일하면서 야간학교에 입학했다. 16세에 흑인 학생들을 위한 기숙학교였던 버지니아 주의 햄프턴 전문학교까지 거의 800킬로미터를 걸어가서 입학했다. 이 사진은 1881년 햄프턴 전문학교 졸업한 후, 앨라배마 주 터스키기에서 흑인들을 위한 사범대학을 설립하는 임무를 맡았을 무렵에 촬영했다. 워싱턴은 미국에서 가장 대표적인 흑인 교육자로서 인정받고 있다. - 미국 의회 도서관 집이었습니다." 트램블리스의 친구인 오스카 저드킨스는 말했다. "트램블리스는 정직하고 친절한 사람이었습니다…… 남자들 한 무리가 별일 아니라는 듯 걸어 들어가 침대에 누워 있던 그를 쏘아 죽였습니다." 살인을 저지른 범인으로 체포된 사람은 아무도 없었다.

1870년, 앨라배마 주 페이토나에서는 흥분한 시민들이 호텔 주인에게 "깜둥이들의 선생"을 내쫓으라고 항의했다. 윌리엄 루크 William Luke라는 이 캐나다 출신의 백인 교사는 지역의 어느 철도 회사에 고용되어 흑인 노동자와 그 가족을 교육했다. 전직 감리교 목사였던 윌리엄 루크는 달리 머물 곳을 찾지 못해 흑인 가족의 집에서 하숙했는데, 이로 인해 백인 사회에서 적대감과 억측이 유발되었다.

이 지역의 세 개 클랜 소굴을 중심으로 윌리엄 루크가 흑인 학생들에게 인종 평등을 가르친다는 소문이 금세 퍼졌다. 클랜에 동조하는 사람들이 루크의 학교 수업과 교회 수업을 감시하기 시작했다. 그들은 루크가 하나님의 눈에는 흑인 여성이든 백인 여성이든 모두 같다고, 그리고 흑인 노동자도 백인 노동자와 똑같은 임금을 받아야 한다고 가르치고 있으며, 심지어 흑인 여성과 포옹까지 했다고 보고했다. 마지막 이야기는 급기야 루크가 흑인 여성들과의 사이에 자녀를 여럿 두었다는 악의적이고 거짓된 추문으로 확대되었다.

이런 추문에 자극을 받은 클랜은 루크에게 가르치는 일을 그만두라고 요구했다. 루크가 그들의 요구에 따르지 않자, 그를 마을에서 내쫓으려 했다. 한번은 클랜 단원 한 무리가 잭슨빌 인근에 소재한 교회 밖에서 루크와 대면한 적이 있다. 또 다른 때에는 루크가 집에 없다는 사실을 모르고 그의 침실 창문에 총을 쏘는 일도 있었다.

루크는 앨라배마 주 전역에서 일어나고 있던 끔찍한 사건들에 대해서 익히 잘 알고 있었다. '밤의 기마단'이 한밤에 농촌 지역을 공포에 떨게 하고 있는데, 습격할 때 거추장스러운 복면을 쓰지 않을 정도로 거침이 없다고 했다. 밤마다 구타나 살인 사건이 발생하지 않고 지나가는 날이 거의 없었다. 하지만 이런 상황에서도 루크는 학생들과 그들의 가족을 저버릴 수 없었다. 흑인 공동체가 법의 보호를 기대할 수 없는 현실을 깨달은 윌리엄 루크는 혹시 모를 사태에 대비하려고 권총 1그로스, 즉 144정을 구입한 뒤 자유민들에게 되팔아 그들을 무장시켰다.

7월 9일 토요일에 당시 열일곱 살이었던 백인 소년 패트릭 크레이그가 크로스 플레인스라는 도시의 철도 차량 기지 인근에서 그린 리틀이라는 흑인 남자를 곤봉으로 구타하는 사건이 일어났다. 리틀이 맞서 싸웠지만 다른 백인들이 가세해 뭇매를 때렸다.

윌리엄 루크는 그들을 말려 보려 애썼지만 헛수고였다. 그날 밤과 다음 날 밤, 리틀이 친구들을 이끌고 루크에게서 구입한 권총을 들고 크로스 플레인스로 돌아가 자신을 구타했던 크레이그와 다른 백인 남자들을 찾아다녔다.

일요일 밤, 리틀 무리는 교회 밖에서 친구들과 어울리고 있는 크레이그를 발견했다. 이윽고 짧은 총성이 울렸다. 다행히 아무도 다치지 않았지만, 백인 주민들 사이에 흑인 남자들이 마을을 깡그리 불태우려 한다는 유언비어가 들불처럼 확산되면서 사람들은 공황 상태에 빠져 버렸다. 마을의 백인 남자들이 모여 치안대를 구성했다.

이튿날인 7월 11일 월요일, 누군가가 루크를 가리키며 "지난밤에 그곳에 있었던 사람이 저기 있다."라고 말하자, 백인 치안대가 총을 소지했던 네 명의 흑인과 윌리엄 루크를 체포했다. 루크가 "대가를 치르지 않고는 흑인을 매질할 수 없다."라는 사실을 백인들에게 본보기로 보여 주라며 흑인 남자들을 부추겼다는 소문이 크로스 플레인스 마을 전체로 퍼져 나갔다.

그날 저녁 어느 학교 사택에는 성난 백인들이 가득했고, 이 지역 치안판사가 루크와 네 명의 죄수를 재판에 처할 것인지를 결정하고자 짧은 공개 심리를 이끌고 있었다. 심리 중에 루크는 흑인 남자들에게 총을 팔았다는 사실을 인정했다. 흑인 피고인들 역시 클랜의 공격에 대비해 스스로를 보호하려 총을 구입했음을 인정했다.

치안판사는 다음 날 아침까지 심문을 연기한 뒤 다섯 명의 죄수를 밤사이 구금하라고 명령했다. 크로스 플레인스에는 교도소가 없었기 때문에 다섯 남자는 어느 가게 안에서 밤을 지새워야 했다. 남자 다섯을 뽑아 간수 임무를 맡겼다.

자정 무렵, 세 곳의 클랜 소굴이 어느 침례교회에 모여 자신들의 손으로 직접 법을 집행할지 여부를 두고 투표했다. 말을 타고 마을로 찾아온 남자들이 간수들을 덮쳤다. 그제야 자신의 운명을 깨달은 윌리엄 루크는 클랜 단원에게 다음과 같이 말했다고 한다. "내가 잘못했다는 것은 압니다. 하지만 이런 짓을 당할 정도는 아니잖습니까?"

클랜 단원들은 총을 앞세워 다섯 명의 죄수를 납치했다. 크로스 플레인스를 벗어나자마자, 루크를 마지막으로 남겨 둔 채 흑인 남자 넷을 높은 참나무에 매달아 처형했다. 그들은 루크를 목매달기 전에 당시 캐나다에서 여섯 아이를 돌보고 있던 아내에게 편지 쓰는 걸 허락했다. 주머니에서 펜과 종이를 꺼낸 루크는 다음과 같이 썼다.

사랑하는 아내에게

나는 오늘 밤 이 세상을 떠나오. 내가 죽어 마땅하다 여기는 자들 때문에 그 사실은 분명해졌소. 나 스스로는 무죄하다 여기고 있음을 하나님만은 아실 것이오. 나는 그저 흑인들을 교육시키고자 노력했을 뿐이라오. 짧은 생각으로 당신을 떠나 이렇게 멀리까지 왔건만, 우리는 이제 영원히 작별하게 되었구려.

하나님의 뜻이 이루어지기를! 당신에게는 그분이 나보다 더 나은 남편이 되고 우리 여섯 아이들에게는 좋은 아버지가 되어 줄 것이오.

이 무리가 내 돈 약 200달러를 가지고 있소. 내 여행 가방과 옷가지 몇 벌도 여기에 있소.

사람을 보내서 찾아가든 아니면 헨리가 와서 찾아가든, 당신이 낫다고 생각하는 방법으로 처리하면 좋겠소.

자비의 하나님이 나의 사랑하는 아내, 당신과 아이들을 축복하고 지켜 줄 것이오.

당신의 윌리엄으로부터

앨라배마 주 탤러디가의 오크힐 공동묘지에 안장된 윌리엄 루크의 묘와 비석 - 저자가 직접
촬영

이튿날, 누군가가 앨라배마 주 탤러디가로 찾아와 윌리엄 루크
를 알고 있던 세 사람, 즉 탤러디가 대학교의 총장인 헨리 에드워즈
브라운 목사, 공화당 소속 판사인 찰스 펠럼, 그리고 탤러디가에서
최초의 흑인 학교 설립을 도왔던 옛 노예 윌리엄 세이버리를 만나 루
크에게 사달이 났음을 알렸다.

세 남자가 크로스 플레인스로 찾아왔다. 그들은 참나무 아래에

서 흑인 네 명의 시신과 함께 누인 루크의 시신을 발견했다. 브라운 목사가 나무 울타리의 맨 위 칸에 지지깨비로 고정되어 있던 루크의 편지를 발견했다.

그들은 루크의 시신을 소나무 관에 넣어 탤러디가로 운구한 뒤 브라운 목사의 주도하에 장례식을 치렀고, 여러 사람들이 참석해 루크를 애도했다. 루크의 시신은 마을 공동묘지의 흑인 구역에 안치되었다. 죽은 흑인 남자들의 가족은 시신을 되찾는 것조차 허락받지 못했다. 살인 사건이 일어난 후 이틀 뒤 네 사람은 극빈자 묘지에 묻혔다.

남부 전역에서 쿠 클럭스 클랜은 읽고 쓰는 법을 배운 흑인들을 골라냈고 '건방'지다며 그들을 못마땅하게 여겼다. "큰 소리로 떠들"면서 "백인 숙녀에게 건방을 떨었"다는 이유로 50번이나 채찍질을 당한 조지아 주의 자유민 여성은 클랜이 흑인 교사의 아버지를 어떻게 공격했는지 말해 주었다. "클랜은 흑인 교사 가족이 가진 책을 모두 가져가서 불 속에 던졌습니다. 그러고는 이 집에서 감히 책을 가지려는 깜둥이가 있다면 어디 한번 해 보라고 말했습니다."라고 캐럴라인 스미스는 말했다.

클랜은 셀 수 없이 많은 학교에 불을 질렀다. 사유지에 세워진 학교일지라도 예외는 아니었다. 남부의 일부 일간지들은 이런 폭력 행위와 방화를 비난하기도 했지만, 새로운 폭력 사건이 터질 때마다 비아냥거리며 보도하는 신문들도 있었다.

그랜드 사이클로프스는 하룻밤 사이에 앨라배마 주의 두 개 카운티에 있던 흑인 학교 사택 두 곳을 전소시키고는 혜성 탓으로 돌리

1866년 5월 2일 테네시 주 멤피스에서 발생한 폭동으로 자유민의 학교가 불타고 있다. 재건 시대 내내, 이와 유사하게 학교와 교사들을 표적으로 삼은 방화와 잔혹한 사건이 발생했다.
- 『하퍼스 위클리』, 1866년 5월 26일; 미국 의회 도서관

기도 했다. "꼬리를 길게 늘인 불덩어리가 갑자가 깜둥이 학교 서너 채 위로 떨어졌고, 이내 불이 붙어 폭삭 주저앉았다."라고 라일랜드 랜돌프는 보도했다. "이 놀라운 혜성 꼬리에 관한 우스꽝스러운 농담 덕분에 이 나라에서 교육을 받으려는 자유로운 깜둥이들의 사기가 완전히 꺾였다. 본래 깜둥이들은 온갖 미신을 곧잘 믿기 때문에, 혜성이 학교에 떨어져 불이 붙었다고 하니까 이제부터 더러워진 초급 교본을 버리고 본래의 업으로 돌아가 '삽과 팽이'를 놓지 말라는 경고로 여기고 있다."

남부 여러 주에서 밤마다 채찍질 사태가 일어나므로 교사들은 보호를 호소했다. 그러나 클랜의 폭력이 너무 광범하게 발생해 공화당 소속 법 집행관이나 다른 공무원들이 감당하기에는 역부족이었다. 1870년대 초에 이르면 당시까지 남부에 주둔했던 연방 군대도 별로 남지 않아서 클랜이 들끓는 남부 11개 주에, 면적으로 따지면 205만 제곱킬로미터가 넘는 드넓은 지역에 고작 6000명의 병사가 흩어져 주둔하고 있는 형편이었다.

군 복무 경험이 있는 보안관들조차도 인원과 총기가 부족했다. "치안대를 소집해서 구성하면, 그들을 이끌 수 있고 그들에게 의지할 수 있었습니다."라고 남부 연합의 퇴역 대위였던 앨라배마 주의 한 보안관이 말했다. "그러나 집에 오자마자 울고 있는 아내를 발견했습니다. 그들(클랜)이 우리 집을 노리고 총을 쏘았다고 하더군요. 집 안에 있으면서도 우리는 언제 총을 맞아 고꾸라질지 알 수 없었고, 이런 식으로 우리의 명줄을 다른 사람이 쥐고 흔든다는 사실에 낙담

해서 어찌해야 좋을지 알 수 없었습니다."

공립학교에 대한 가장 극심한 반대를 보여 준 사례는 미시시피 주에서 발생했다. 『아메리칸 미셔너리』라는 잡지는 소속 교사들이 미시시피 주에 소재한 쿠 클럭스 클랜의 한 소굴로부터 다음과 같은 경고장을 받았다는 기사를 게재했다.

상현달, 여덟째 핏빛 달, 달이 차기 전에 **떠나라**! 흑인을 가르치는 불경스러운 교사들이여, 늦기 전에 **떠나라**! 정죄의 시간이 녀희를 기다리고 있다, 그 누구도 살아서는 견뎌 내기 어려운 공포의 시간이 다가오고 있다. 뾰족한 달이 증오로 가득 차 있다. 그 뿔에 독이 가득 찰 때 녀희의 부정한 머리 위에 **떨어질** 것이다. 경계하라! 검은 고양이가 잠이 들면, 죽었으되 살아 있는 우리가 너를 지켜보고 있을 것이다. 어리석은 자들이여! 오입쟁이, 저주받은 위선자들이여! 모든 것을 꿰**뚫어** 보는 그랜드 사이클로프스의 눈이 녀희를 향하고 있다! 다가올 분노를 맞이하라,

쿠 클럭스 클랜

한편, 아일랜드 출신의 젊은 이민자 코닐리어스 맥브라이드는 미시시피 주의 치커소 카운티에 도착해 처음 몇 달 동안 백인 이웃들과 곧잘 어울렸다. 하지만 그 와중에도 이웃한 카운티에서 한밤에 말을

탄 클랜 단원들이 저지르는 끔찍한 패악에 관해 들려왔다. 날로달로 클랜의 공격 빈도가 증가하고, 그 양상이 한층 더 폭력적으로 변하고 있었으며 그가 속한 학교의 사택과 가까워지고 있음을 깨달은 맥브라이드는 습격 사건이 일어날 때마다 상세하게 공책에 기록했다.

코닐리어스 맥브라이드가 하숙하던 곳에서 멀지 않은 한 사택이 불에 타고 교사 몇 명이 공격을 당한 후, 쿠 클럭스가 그를 쫓고 있다며 학생들이 맥브라이드에게 경고했다. "별로 개의치 않았습니다."라고 맥브라이드는 말했다. 또한 학교 문을 닫으라는 경고도 무시했다. 이런 상황이야 어찌되었든, 일상에서는 백인 이웃들이 그가 설립한 학교를 찾아와 그동안 이룬 성과를 칭찬하고 있던 터였다.

3월 말경, 맥브라이드는 교사의 승급 시험을 알리는 공고문을 학교에 게시했다. 시험을 통과하면 교사들이 보다 높은 등급의 자격증을 신청할 수 있는데, 그렇게 되면 쥐꼬리만 한 급여가 조금은 인상될 수 있었다.

맥브라이드는 이 시험이 내포하는 바를 잘 이해하고 있었다. 교사의 급여 인상이란 지주들이 지불할 재산세 부담이 늘어난다는 뜻이며, 클랜을 자극하리라는 것을 짐작하고 있었다. "그들이 보기에 교육이 전혀 필요 없는 사람들을 가르치는 일에 자기들 돈을 지불해야 하는 셈이었으니까요." 맥브라이드가 말했다. "결코 그런 짓은 하지 않겠다고 공공연히 말하고 다녔지요."

3월 30일 목요일에 변복한 남자 여럿이 맥브라이드가 머물던 집으로 몰려왔다. 그들은 총구를 앞세워 침대에 누워 있던 그를 일으켜

이 판화는 사진을 토대로 제작되었다. 일각에서는 그림 속 세 남자가 미시시피 주에서 어느 가족을 살해하려다 체포된 실제 쿠 클럭스 클랜 단원이라고 보는데, 다른 역사학자들은 체포된 클랜 단원들의 복면과 복장을 연방 공무원들이 착용하고 자세를 취한 것으로 생각한다.
- 『하퍼스 위클리』, 1872년 1월 27일; 미국 의회 도서관

세웠다. 대장격인 남자가 말했다. "이 망할 양키 새끼, 밖으로 나가."

단지 자신에게 채찍이나 휘두르려고 찾아온 자들이 아님을 맥브라이드는 곧바로 알아챘다. 그들은 맥브라이드를 죽이기로 작정했던 것이다. 맥브라이드는 빠르게 상황을 판단했다. 클랜 단원 여럿이 문세 곳을 지키고 있었다. 다른 두 명은 그가 머물던 방 창가에 서 있었다. 문 쪽은 희망이 없다고 생각한 맥브라이드는 열린 창문을 향해 두 남자 사이로 돌진했다.

집 밖으로 뛰쳐나온 맥브라이드는 2연발식 산탄총을 가진 흑인 이웃이 살고 있는 어두컴컴한 오두막을 향해 내달렸다. 오두막 안으로 뛰어 들어가는 데는 성공했지만, 안타깝게도 맥브라이드가 산탄총을 잡을 새도 없이 클랜 단원 여럿이 문을 박차고 들어와 그를 밖으로 끌어냈다. 보위 나이프*와 권총의 개머리판으로 맥브라이드를 마구 때린 뒤 공터로 이어진 도로로 그를 내몰았다.

클랜의 대장은 맥브라이드에게 잠옷을 벗으라고 명령했다. 맥브라이드가 싫다고 하자 다른 남자가 권총으로 머리를 때려 그를 고꾸라지게 만들었고, 또 다른 남자들이 달려들어 잠옷을 벗긴 후 니사나무 가지 한 다발을 엮어 만든 채찍으로 맥브라이드를 마구 후려치기 시작했다. 살에 박혀 살점을 뜯어내는 듯한 매질이었다. 맥브라이드는 목에서부터 엉덩이까지 등을 베어 버릴 듯 내려칠 때마다 발버둥을 치며 저항했다. 단원들이 마침내 매질을 멈추자 우두머리가 말했

* 미국 서부 사냥꾼들이 19세기부터 즐겨 사용한 수렵용 칼로, 손잡이가 짧고 칼끝이 위를 향해 있다.

175

조지아의 한 농장에서 할아버지에게 글을 가르쳐 주는 소녀 - 앨프리드 오드, 『하퍼스 위클리』, 1866년 11월 3일; 미국 의회 도서관

다. "이런 녀석에게는 총알도 아깝지. 그를 매달아라."

흐릿한 달빛 아래에서 맥브라이드는 나뭇가지에 매어 놓은 늘어진 올가미를 발견했다. 맥브라이드는 젖 먹던 힘까지 모아 우두머리에게로 달려가 그를 넘어뜨렸다. 그는 어둠 속에서 힘껏 내달려 울타리를 뛰어넘고 곧장 숲으로 향했다. "그들은 저를 향해 이놈 저놈 욕설을 퍼부으며 총을 쏘아 댔습니다. 머리 위로 총알이 날아가고 주위의 나뭇잎들이 흩어져 떨어졌지요."라며 맥브라이드는 숨 가빴던 당시를 회상했다.

그는 안심될 때까지 한동안 숲에 숨어 있다가 이웃집을 찾아가 몸을 숨겼다. "등줄기를 따라 피가 흘러 내렸습니다."

이튿날, 코닐리어스 맥브라이드는 총을 어깨에 메고 학교에 출근했다. 클랜의 으름장에도, 그는 마치 아무 일도 없었던 것처럼 예정대로 시험을 치렀다. 다음 몇 주 동안 그는 계속해서 숲에서 밤을 지새웠고 다시 공격받지는 않았다.

1872년 해방노예국법의 시효가 만료될 당시, 해방노예국 산하의 교사 9000명 이상이 4000개 이상의 학교에서 근무했고, 25만 명이상의 흑인 아동이 학교에 다녔다. 당시 남부의 학령기 흑인 아동수는 170만 명이었고, 그중 학생 수는 고작 12퍼센트에 불과했으므로 그 자체로는 결코 많은 수가 아니었다. 다만 당시 남부 백인 어린이들의 취학률과 견주어 본다면 그렇게 낮은 수치도 아니다.

취학률 수치만 보아도 알 수 있듯이, 남부에서 아이들의 교육을 위해 나아갈 길은 아직 멀었다. 더 많은 학교를 세우고 보다 많은 교사를 채용해 아이들이 학교 교육을 받을 수 있는 기회를 확대해야 했다. 그러나 또한 우리는 흑인과 백인 모두가 힘을 합쳐 공교육의 초석을 놓았다는 사실을 이 수치로써 알 수 있다. 공립학교의 확산과 흑인 아동의 교육을 방해하는 쿠 클럭스 클랜의 훼방에도, 학생들은 용감한 교사들로부터 읽고 쓰는 법과 셈하는 법을 배웠고, 밤이 되면 다시 이 아이들이 부모에게 그리고 조부모에게 자기가 학교에서 배운 것을 가르쳤다.

"흑인들 모두가 학교에 가기 위해 애썼습니다." 노예 출신으로서 미국을 대표하는 흑인 교육자로 인정받는 부커 T. 워싱턴은 지적했다. "배움에 있어서 너무 어린 나이도 너무 많은 나이도 문제될 것이 없었습니다."

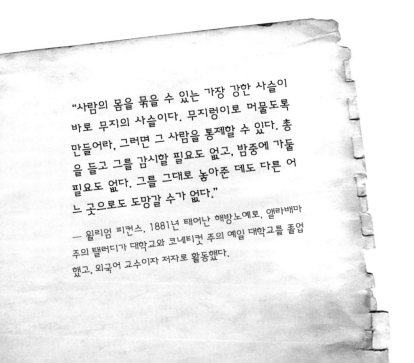

"사람의 몸을 묶을 수 있는 가장 강한 사슬이 바로 무지의 사슬이다. 무지렁이로 머물도록 만들어라, 그러면 그 사람을 통제할 수 있다. 총을 들고 그를 감시할 필요도 없고, 밤중에 가둘 필요도 없다. 그를 그대로 놓아준 데도 다른 어느 곳으로도 도망갈 수가 없다."

— 윌리엄 피컨스, 1881년 태어난 해방노예로, 앨라배마 주의 탤러디가 대학교와 코네티컷 주의 예일 대학교를 졸업했고, 외국어 교수이자 저자로 활동했다.

8장

"그들을 이끌어 줄 사람이 필요합니다."

52세의 일라이어스 힐을 직접 만나 보면, 저런 남자가 과연 백인 우월주의에 위협이 될지 의문이 들 것이다. 아마도 소아마비였을 것으로 짐작되지만 정확하게 원인이 밝혀지지 않은 지병 때문에 일라이어스 힐은 일곱 살 때부터 걸을 수도 심지어 기어 다닐 수도 없었으며, 다 자라 성인이 된 뒤에도 키는 어린아이 정도였고 팔다리는 애처롭게 쪼그라든 모습이었다.

가족과 친구들이 먹여 주고 보살펴 주었으며, 그가 원하면 어디로든 데려다 주었다. 친구 중 하나가 농장에서 사용하는 경량 마차에 스프링을 달아 안락의자를 설치해 주었다. 덕분에 남군이 북군에게 항복한 뒤 수년 동안 흡사 난쟁이같이 볼품없는 일라이어스 힐이 마차 뒤편의 안락의자에 앉아 뒤틀린 손가락으로 팔걸이를 그러쥔 채 마차꾼이 거친 시골길 위로 말을 부려 달리는 동안 덩달아 흔들리며

179

오가는 모습을 어렵지 않게 볼 수 있었다. 일라이어스를 태운 마차는 사우스캐롤라이나 주의 궁벽한 시골 여기저기 흩어져 있는 교회들을 찾아다녔고, 일라이어스는 동료 흑인 침례교도들에게 복음을 전파하고 보편적인 사랑과 영적인 구원에 대해서 설교했다. 뼈마디가 쑤시고 턱이 너무 뻣뻣해서 몸을 움직일 때마다 아팠지만, 들리는 바에 따르면 그의 목소리는 낭랑하게 시골 마을 전역으로 울려 퍼졌다고 한다.

요컨대 일라이어스 힐은 순회 전도사, 즉 여러 교회를 순서대로 돌면서 예배를 집전하고 설교하는 이동 전도사였다. 일라이어스와 그를 돕는 사람들에게 있어 자유란 곧 설교할 수 있는 자유, 그리고 원하는 방식으로 하나님을 경배할 수 있는 자유를 의미했다. 더 이상은 어둠을 도와 남모르게 예배를 보지 않아도 되고, 또 그런 노예들의 오두막을 몰래 염탐하는 순찰꾼들을 두려워할 필요가 없었다. 더불어 이제 더 이상 주인이 섬기는 교회에서 백인들의 자리와 분리된 신도석이나 발코니에만 앉아 예배할 의무도 없었다. 또 더 이상은 노예 소유주가 고용한 백인 목사나 노예 소유주 자신이 그들에게 복종하라고 가르치는 설교를 들어야 할 의무가 없었다.

노예제도가 폐지된 후 수년 동안 흑인 미국인들은 자신들의 손으로 직접 세운 교회 안에서 위로받고 힘을 얻었다. 일라이어스 힐과 같은 전도사나 정식으로 임명된 다른 목사들은 영적이며 정치적인 흑인 공동체를 조직하기 위해 헌신함으로써 재건 시대의 정치판에서 매우 중요한 역할을 담당했다. 이들의 지도를 받아 어느덧 교회는 흑

일부 대농장 소유주는 기독교인 노예들을 다루기가 더 쉽다고 믿고 그림에서 묘사한 것과 비슷한 작은 예배당을 직접 세웠다. 이 판화는 사우스캐롤라이나 주의 한 농장에서 자기 자신도 노예인 흑인 설교자가 농장주인지 목사인지 알 수 없는 백인의 감시를 받으며 동료 노예들에게 설교하는 모습을 보여 준다. - 『일러스트레이티드 런던 뉴스』*Illustrated London News*, 1863년 12월 5일; 조지아 주 애틀랜타의 에머리 대학교 베크 센터

인 사회, 남녀노소 자유민들의 삶 전체에서 구심점이 되었다.

자신들이 세운 교회에서 흑인들만 참석하는 예배를 공개적으로 진행하고 싶었던 수만 명의 자유민은 옛 주인들이 세운 교회로부터 벗어났다. 그리고 나서 어떤 사람들은 '덤불 나무 그늘' 또는 '조용한 나무 그늘'이라고 부르는 공간에서 임시로 예배를 보았다. 나무 그늘이란 숲 한가운데에 나무를 베고 빈터를 만든 뒤 울타리 역할을 하는 나무의 끄트머리를 서로 엮어 풍성한 잎사귀들이 지붕처럼 덮개 역할을 하도록 조성한 공간을 말한다. 버려진 창고나 신도의 오두막에

서 예배를 보는 경우도 있었다. 혹은 백인 교회의 한구석을 빌려 예배를 드리는 사람들도 있었다.

일부 자유민은 노예 시절 자신들이 세운 백인 교회에 대한 소유권을 인정받고자 다투기도 했지만, 대다수 흑인 공동체는 자신들만의 교회를 새롭게 다시 지었고 돈을 아껴 모아 설교자의 임금도 스스로 지불했다. 침례교나 감리교 교회가 특히 많이 생겼고, 감리교 교회 중에서는 아프리카 감리교 감독 교회와 아프리카 감리교 감독 시온 교회의 신도 수가 가장 많았다.

전도사 중에는 일라이어스 힐과 같은 노예 출신도 있었고, 자유흑인*으로서 정식으로 목사 안수를 받은 흑인들도 있었다. 이들은 대개 북부에서 선교사 자격으로 이주한 사람들이었다. 흑인 사회에서 가장 고등한 교육을 받은 계층에 해당했던 전도사들은 노동자와 해방노예국, 백인 고용주 사이에서 연락책 역할을 담당하면서 문해 능력이 없는 자유민들에게 근로 계약을 읽고 설명해 주기도 했다. 또한 그들 중 상당수가 학교에서 교편을 잡고 있었고, 공화당을 지지하는 '연방 동맹'에 참여해 활발하게 활동했다. 일라이어스 힐 역시 설교와는 별도로, 가난한 흑인 학교에서 읽고 쓰는 법을 가르쳤고, 공화

---

* '자유민'(freedmen 또는 freedwomen)은 노예해방선언 및 수정헌법 제13조에 따라 남북전쟁 이후에 해방된 옛 노예를 가리키고, '자유 흑인'(free negro 또는 free black)은 사적으로 해방된 사람들을 가리킨다. 노예 소유주가 노예를 해방하는 사례로는 평생 봉사한 나이 든 노예를 유서를 통해 해방하거나 법적으로 모친의 신분에 따라 노예가 된 자녀를 해방하는 경우가 있었고, 합의한 대가를 지불하고 직접 자유를 사는 경우도 있었다. 계약 하인 신분인 백인 여성과 흑인 남성 사이에서 태어난 자녀도 법률에 따라 자유 신분이었다. 독립 전쟁 이후 미국 혁명 정신에 고무된 노예 소유주들이 수천 명의 노예들에게 자유를 주기도 했다.

야외 집회 또는 부흥회를 묘사한 그림으로, 남부 흑인들이 설교를 들으며 하나님을 찬양하고 찬송가를 부르고 있다. 1871년 어느 날, 사우스캐롤라이나 주 고센 힐에서 활동했던 시온 감리교 교회 소속 목사 루이스 톰프슨은 자신의 목재 보면대 위에 커다란 관 모양 경고장이 꽂혀 있는 걸 발견했다. 경고장에는 이렇게 쓰여 있었다. "당신은 여기서 설교할 수 없다. 이 마을에서 유색인은 설교단에 설 수 없다. K. K. K." 톰프슨은 협박을 무시했고 뒤에 시신으로 발견되었다. - 「하퍼스 위클리」, 1872년 8월 10일; 미국 의회 도서관

당 연방 동맹 요크 카운티 지부의 회장 역할을 겸하고 있었다.

흑인 사회에서 교회란 단순한 종교 기관이 아니었다. 교회는 노예근성과 노예 시절의 사고방식을 바꾸려는 정신 개혁 운동의 최전선이었다. 목사들은 흑인으로서의 자긍심을 불어넣으며, 스스로의 잠재력을 십분 발휘할 수 있도록 흑인들을 격려하고 정치적으로 조직하고자 쉼 없이 노력했다. 그들이 보기에 흑인에게 절실하게 필요한 것이 무엇인지는 명백했다. 바로 일자리와 토지, 학교, 주택, 그리고 법 앞에서의 평등한 대우였다. 무엇보다 이런 것들을 실현하기 위

해 흑인 미국인들에게(그렇다, 그들도 자격을 갖춘 **미국인**이었다.) 긴요한 것이 바로 투표임을 그들은 직시하고 있었다.

설교단에서 많은 목사들이 영적인 문제와 동시에 정치 쟁점에 대해서도 소리 높여 외쳤다. "설교단 위에 서면, 사실 이 두 가지 문제를 분리하는 게 불가능했습니다."라고 찰스 H. 피어스 목사는 말했다. 그는 본래 노예였지만 메릴랜드 주에서 대가를 지불하고 스스로 자유를 샀고, 전도사 자격으로 플로리다 주로 이주해 전후 몇몇 관청에서 공무원으로 근무한 바 있다. "이런 상황에서 자신이 이끄는 사람들의 정치적 이익을 도모하지 않는다면, 목사로서 자기 책무를 온전히 이행했다 할 수 없었습니다. 그 사람들은 마치 거친 바다에 내맡겨진 한 척의 배와 같았습니다. 누군가 그들을 이끌어 줄 사람이 필요했습니다."

옛 노예 출신인 또 다른 사람은 흑인 전도사들이 흑인 여성 교인들 사이에서 불러일으킨 정치적 파장을 다음과 같이 우스갯소리를 섞어 설명했다. "유색인 전도사들은 유색인 아낙네들을 곧잘 흥분시켰지." 사우스캐롤라이나 주의 맥 테일러가 당시를 회상했다. "남정네들이 투표소에 가서 투표를 하지 않거들랑 그들에게 아무것도 해주지 말라고 여자들을 꼬드겼거든…… 나는 가지 않았다오. 그랬더니 내 마누라가 6개월 동안이나 각방을 쓰더군."

또한 대다수 목사들은 유권자 등록부터 공화당 연방 동맹 안에서의 적극적인 활동에 이르기까지 시민으로서 여러 의무도 함께 실천했다. 정무직 공무원이 되는 것을 자의로 희망하는 흑인 목사는 거

1831년, 노예이자 영적 지도자였던 냇 터너가 추종자들을 이끌고 노예 소유주들에게 대항해 봉기한 결과, 약 60명의 백인이 살해되었다. 이에 대한 보복으로 버지니아와 인근 노스캐롤라이나 지역의 백인들이 100명이 넘는 흑인을 살해했다. - 미국 의회 도서관

의 없었음에도 전후 선교사 자격으로 북부에서 남부로 이주한 사람들을 포함해 최소한 240명의 흑인 목사들이 재건 시대에 남부의 주의회 의원으로 당선되었다.

남부 백인들은 빠르게 증가하는 흑인 교회를 지켜보며 그곳 목사들이 미치는 정치적 영향력이 얼마나 중요한지 깨닫게 되었고, 표대결에서 자유민에게 뒤지지 않을까, 그보다 더 나쁜 상황이 벌어지지나 않을까 하는 걱정으로 골머리를 앓았다. 남북전쟁이 발발하기 전인 1831년에 노예이자 전도사였던 냇 터너Nat Turner가 버지니아 주에서 일으킨 대규모 노예 봉기에 대한 기억을 30년이 지난 당시까지도 떨치지 못하고 여전히 공포에 질려 있는 사람들도 있었다. 독실한 신앙인이었던 냇 터너와 그를 추종하는 일단의 무리가 자유를 쟁취하기 위해 싸우라며 노예들을 부추겨 폭동을 일으켰고, 예순 명 이

흑인의 예배 방식은 이 풍자화의 묘사처럼 매우 독특하고 고유한 종교적 표현으로 발달했다. 현대의 학자들은 이런 예배 방식을 아프리카 종교 신앙을 토대로 재해석된 기독교 복음이라고 설명한다. -『일러스트레이티드 런던 뉴스』, 1853년 4월 30일; 미국 의회 도서관

상의 백인 남자와 여자, 그리고 어린 아이가 목숨을 잃었다.

민병대가 터너와 그를 따르던 열여섯 명의 추종자를 체포해 처형하는 것으로 봉기는 막을 내렸지만, 반란의 기억은 노예 소유주들을 비롯한 백인들을 여전히 공포에 떨게 했다. 때문에 남부의 입법가들은 보다 엄격한 규제를 담은 법률안들을 통과시켰고, 노예 소유주들은 저마다 노예들의 종교 생활을 철저하게 감시했다.

터너의 반란을 기억하는 많은 남부 백인들은 흑인 목사나 전도사들이 정치 문제나 인종 평등, 그리고 자유민의 민권에 관해 설교하는 것이 바람직하지 않다고 여겼다. 많은 이들은 흑인 목사와 전도사들이 오로지 영적 조언자 역할만을 담당해야 한다고 믿고 있었다. "그들이 자신의 책무를 온전히 이행하는 데만 집중하는 한, 내 생각에 다른 어려움은 없었습니다." 라고 조지아 주의 판사이자 남부 연합군 중위로 퇴역한 H. D. D. 트위그스는 말했다.

더불어 흑인 교회 안에서 벌어지는 자발적이면서도 감정에 북받치는 예배 양상 또한 남부의 많은 백인들을 두렵게 만들었다. 그들은 노래와 박수, 외침과 울부짖음, 춤과 발 구르기 등으로 나타나는 폭발적인 감정의 발산이 결국 백인에 맞서도록 자유민을 봉기시키는 발단이 되지는 않을까, 오랜 세월 이어진 속박과 부당한 대우에 복수하려고 들지는 않을까 두려워했다.

심지어는 북부 출신의 백인 성직자나 선교사조차 점잖음이라고는 찾아볼 수 없는 흑인 교회의 예배 풍경에 질겁했다. 이 백인들은 옛 노예들이 발전시킨 그들만의 기독교, 노예들이 처했던 상황과 경험, 세계관을 반영하고 그들이 물려받은 아프리카 유산을 포용하는 기독교를 이해하지 못했던 것이다.

남부의 일부 지역에서는 두려움에 찬 백인들이 흑인 교회에서 무슨 일이 일어났다는 식으로 나쁜 소문을 퍼뜨리기도 했다. 예를 들어 앨라배마 주 모바일의 어느 신문은 백인을 상대로 "살인, 방화, 폭력"을 저지르라고 교구민을 선동한다며 한 흑인 전도사를 비난하는 기사를 게재했다. "그 전도사는 백인과 깜둥이 사이에서 언젠가는 터지고 말 엄청난 갈등을 암시하는 말을 자주 했습니다. 그런 갈등이 폭발하게 되면 백인이 깜둥이들 손에 몰살당할 거라면서요."라며 제보자는 주장했다. "흑인 전도사가 '이 피의 시대에 나와 함께할 자는 누구입니까?'라고 물을 때마다 회중으로부터 '제가 함께하겠습니다. 하나님의 가호가 있기를!'이라는 열정적인 대답이 돌아옵니다." 백인들이 흑인 전도사의 사무실을 공격했지만, 다행히 당시 그 전도사가 자리에 없어서 다친 사람은 없었다.

그렇다면 과연 누가 종교적으로 흑인들을 이끌어야 하는가에 관한 문제를 두고 남부의 백인들은 한목소리를 내지 못했다. 당시 열아홉 살로 노스캐롤라이나 주에서 클랜 단원으로 활동했던 한 남자는 그가 속한 소굴 안에서 감지되었던 복합적인 감정에 대해서 다음과 같이 설명했다. "그들(흑인들)에게도 그들만의 전도사가 필요하다고 말하는 사람도 일부 있었습니다."라고 제임스 그랜트는 말했다. "그런 주장을 펼치는 사람들은 백인이 흑인들에게 설교해서는 안 된다는 입장이었지요. 다른 한편에는 그들(흑인들)이 설교해서는 안 된

앨라배마 주 헌츠빌에서 클랜 단원들이 토요일 예배에 참석한 흑인들을 쫓아냈다. 여기에 묘사된 두 남자는, 클랜 단원들은 '행진'이라고 불렸고 『하퍼스 위클리』는 '전열'戰列이라고 불렸고 현대 사학자들은 '폭동'이라고 부르는 아수라장 같았던 사태 이후에 체포되었다. 이 폭동으로 두 명이 사망하고 두 명은 부상당했다. 클랜 단원 네 명이 체포되었으나, 지방 당국의 묵인하에 탈출에 성공했다. - 『하퍼스 위클리』, 1868년 12월 19일; 미국 의회 도서관

다고 생각하는 사람들도 있었습니다."

남부 전역에 걸쳐 쿠 클럭스 클랜은 흑인 교회를 감시했고, 교회 내에서 이루어지는 설교 내용을 소상하게 소굴에 보고했다. 플로리다 주 잭슨빌에서는 클랜 단원들이 여성으로 가장해 예배에 참여하는 경우도 있었다. 또는 교회에서 다소 떨어진 나무 뒤에 숨어 있다가 교회에 가는 흑인 신도들에게 노골적으로 총을 난사하는 경우도 있었다.

클랜이 흑인 교회를 표적으로 삼았던 또 한 가지 이유는 흑인들이 야간에 진행하는 정치 집회에 참여하지 못하도록 방해하기 위해서였다. 앨라배마 주 터스키기에서는 어느 달밤에 클랜 단원이 총을 쏘아 흑인 남자 셋을 살해하고 대여섯 명을 부상 입히는 사건이 발생하기도 했다. 교회 간사였던 흑인 남자들은 당시 교회 종을 매입하는 문제를 두고 밤늦게까지 상의 중이었는데, 갑자기 총성이 울리고 그들이 모여 있던 방 안으로 총알이 빗발치듯 쏟아졌다. 그러나 총을 쏜 사람들은 하나도 체포되지 않았다.

남부의 여러 지역에서 쿠 클럭스 클랜은 정치 집회가 열리는 흑인 교회를 불태웠다. "거의 모든 유색인 교회와 시골의 사택이 불타 버렸습니다." 앨라배마 주의 리 카운티에 살았던 한 백인 남자는 이렇게 증언했다. 애써 힘을 보태서 세운 교회를 보호하고자, 자신이 다니는 교회에서 집회를 열지 말아 달라고 공화당 후보자에게 부탁하는 자유민들도 있었다.

한편, 자신들과는 다른 시각으로 인종 문제를 바라보는 백인 목

1868년 9월 1일, 앨라배마 주의 쿠 클럭스 클랜은 지역신문인 『터스컬루사 인디펜던트 모니터』 *Tuskaloosa Independent Monitor*에 남부의 백인 공화당원과 북부 오하이오 주 출신의 목사에게 보내는 이 살해 협박장을 게재했다. 그랜드 사이클로프스였던 라일랜드 랜돌프가 이 신문의 편집인이었다. - 『터스컬루사 인디펜던트 모니터』, 1868년 9월 1일

사들 역시 클랜의 표적이 되었다. 앨라배마 주에서는 클랜 단원 여럿이 백인 목사 모지스 설리번의 침실에 난입해 총구로 위협하며 그를 밖으로 끌어낸 뒤, 그가 인종 평등에 찬성한다고 비난하며 자기들만의 재판을 벌인 사건이 있었다. 그들은 설리번에게 유죄를 선고하고 히커리 나뭇가지로 가혹하게 구타했다. 마지막으로 이마를 가격하자 기어코 설리번의 두개골이 골절되고야 말았다. 그들은 구타는 경고에 불과하다며 다음번에는 그를 완전히 처치하겠다는 다짐도 덧붙였다. 설리번은 가족과 함께 달아났다. 부상에서 회복되기까지 한 달이나 걸렸다.

클랜의 폭력 행위 때문에 자기 집에서 도망쳐 나와 노숙을 해야 했던 사우스캐롤라이나 주 자유민들의 처지가 남부 전역으로 확산되었다. 이 그림은 무장한 백인들을 피해서 습지대에 은신했던 루이지애나 주의 흑인들을 묘사하고 있다. - 『하퍼스 위클리』, 1873년 5월 10일; 미국 의회 도서관

클랜이 흑인 교회와 전도사를 표적 삼아 저지른 폭력 행위 중에서도 가장 대단했던 사건이 사우스캐롤라이나 주 요크 카운티에서 발생했다. 당시 이 지역에는 40개 이상의 소굴이 형성되어 있었고, 경찰관 두 명과 시장을 포함해 백인 네 명 중 세 명꼴로 클랜에 가입한 상태였다.

1870년 가을 선거에서 민주당이 500표 차이로 패배하자, 요크 카운티의 클랜이 선거의 패인을 다른 무엇보다도 공화당에 투표하도록 신도들을 설득한 흑인 성직자들 탓으로 돌림에 따라 본때를 보여 주어야 한다는 분위기로 폭발 직전이었다.

클랜은 일주일에 한 번씩 말을 타고 순찰을 돌기 시작했다. 어떤 날 밤에는 아무 오두막이나 표적 삼아 마구잡이로 총을 쏘아 댔다. 희생자들을 집 밖으로 끌어내 구타하기도 하고, 태우거나 손발을 절단하거나 심지어 살해하는 경우도 있었다. 간혹 백인 희생자도 없지는 않으나, 대부분 흑인 남자와 여자 그리고 어린이였다.

클랜 단원들은 공격당한 사실을 신고하지 말라고 희생자들에게 으름장을 놓았다. 그럼에도 굳이 신고한다면 살아서 재판장까지 걸어가지 못하리라는 협박도 잊지 않았다. 목격자들에게도 증언할 엄두도 내지 말라고 경고하며, 혹시라도 멋모르고 나댔다가는 몸이 성치 못할 것이라든가 클랜이 외려 위증죄를 씌워 그들을 체포할 것이라는 협박도 잊지 않았다.

공포에 질린 수백 명의 흑인 남녀가 아이들을 데리고 오두막을 떠나 숲과 습지에서 숨어 지내야 했다. 오두막과 작물을 버려둔 채

추위에 떨며 고스란히 비를 맞고 한뎃잠을 자면서, 같은 데서 이틀 밤 넘게 보내는 걸 두려워했다.

사우스캐롤라이나 주의 공화당 소속 주지사였던 로버트 K. 스콧은 심각한 폭력 사태를 잠재우고 질서를 되잡고자 여러 흑인 민병대 회사와 계약하고 머스킷 소총과 라이플, 탄약으로 그들을 무장시켰다. 일라이어스 힐이 살았던 요크 카운티에서는 세 곳의 흑인 민병대 회사가 도로를 순찰하며 거리에 나선 백인들을 멈춰 세워 무슨 일로 외출했는지 검문하는 상황이었다.

백인 소유의 재산에 불을 놓고 면화를 저장하는 헛간이나 조면 공장을 불태워 보복전을 감행한 흑인들도 일부 있었다. "어디에선가 불이 일어나지 않는 밤은 거의 없었습니다." 당시 22세로 요크빌에서 클랜 단원으로 활동한 마일리어스 캐럴이 말했다.

1871년 1월에 단 일주일 동안 열 곳 남짓한 헛간과 조면 공장 그리고 제분소 한 곳이 방화로 인해 소실되자, 클랜은 30~40명에 이르는 흑인들을 닥치는 대로 체포해 그들이 실제 방화범인지 여부를 확인하지도, 전혀 개의치도 않고 마구잡이로 매타작을 해 댔다.

1월 말경, 클랜은 요크빌의 한 상점과 카운티 감사관의 사무실을 비롯해 시내 이곳저곳에 다음과 같은 경고문을 게시했다.

KKK 본부

1871년 1월 22일

여하한의 방화 사건이 발생하는 경우, 그 인근에서 유색인 지도자 열 명과 백인 동조자 두 명을 처형하기로 **결의함**.

오늘 이후 유색인 무리가 도로에서 푯말을 들고 시위하는 경우, 그들이 속한 회사의 임원을 처형하기로 **결의함**.

선동하는 말을 했다고 보고된 모든 사람은 본 조직의 고등법원에서 재판에 처한 후 자체 판단에 **따라** 처형할 것을 **결의함**.

여러 사무소가 본 결의의 집행을 담당한다.

KKK의 명령을 받들어

클랜의 전면적인 공격 예고에 두려움을 느낀 클레이 힐 지역의 흑인 지도자들은 휴전을 협상하려고 시도했다. 그들은 유력한 백인 인사들에게 일단 만나자는 전갈을 보냈다. 백인들이 이에 동의했다. 1871년 2월 11일, 마침내 두 집단이 테이트 씨 가게에서 회동했다. 바로 일라이어스 힐의 집에서 5킬로미터 정도 떨어진 교차로에 위치한 가게였다.

회담 결과, 흑인 지도자들은 백인들의 불안감을 가라앉히기 위해 야간에 이루어지는 모든 정치 집회를 중단한다는 데 동의했다. 대신에 백인들은 가능한 모든 영향력을 발휘해 클랜의 폭력 행위를 통제하겠다고 약속했다. 흑인들은 희망을 품고서 집으로 돌아왔다.

그러나 바로 이튿날 클랜은 휴전 약속을 깼다. 이후 몇 주에 걸쳐 공격은 계속되었으며, 외려 그 빈도가 늘어나고 잔혹성이 자못 심각해졌다. 자유민들은 이에 대한 보복으로서 더 많은 조면 공장, 헛간, 제분소를 불태웠다. 격분한 클랜은 흑인 전도사들이 설교하면서 백인의 재산에 불을 놓으라고 흑인들을 선동한다며 색출에 나섰다.

그해 봄 클랜의 급습이 계속되었기 때문에, 밤이면 밤마다 클랜이 자신을 찾아오지 않을까 걱정하던 일라이어스 힐은 벼락같이 문을 울리는 발길질 소리가 들렸을 때 뜬눈으로 밤을 지새우고 있었다. "저는 애처로운 몸 상태를 보고 저를 빼 주지 않을까 기대하고 있었습니다."

그러나 실상은 그렇질 못했다. 1871년 5월 5일 자정이 막 지났을 때 일라이어스는 클랜이 그의 제수를 재우치는 소리를 듣게 된다. 일라이어스가 어디에 살고 있는지 말하라면서 앞마당에서 그녀를 심하게 매질하고 있었다. 이어서 그들은 일라이어스의 오두막에 쳐들어왔다. 그들은 침대에 있던 일라이어스를 잡아채 두 팔을 잡고 밖으로 끌어냈다. 존경심이 없다면서 일라이어스에게 주먹을 휘둘렀다. "쿠 클럭스 클랜에 대해서 설교하고 기도하지 않았는가?" "정치적인 설교를 하지 않았는가?" "쿠 클럭스를 비난하는 설교를 하지 않았는가?"라며 한 남자가 추궁했다.

일라이어스는 이런 비난을 부인했다. 그들은 또한 사우스캐롤라

196

이나 주 출신의 하원 의원에게 편지를 보냈느냐며 일라이어스를 힐문했다. 일라이어스는 그렇다고 대답했고 답장을 받았다는 사실도 인정했다.

일라이어스의 대답을 들은 몇몇 클랜 단원이 그의 오두막으로 달려가 온 집 안을 헤집으며 편지를 찾았다. 다른 단원들은 뼈마디를 끊어 놓을 듯이 일라이어스에게 말채찍을 휘둘렀다. 그런 다음 설교를 그만두고, 신문에 공화당의 정책을 모두 단념하고 다시는 투표하지 않겠다는 약속을 실으라고 명령했다. "우리를 반대하는 기도를 하지 마라. 하나님이 우리를 축복하고 구원하실 거라고 기도하라." 한 남자가 일라이어스를 을러댔다.

공격의 정도는 매우 심각했고 치명적이었지만, 테이트 씨 가게에서의 회동에도 불구하고 단 한 명의 백인도 흑인 사회를 도우려 하지 않았다는 것을 일라이어스는 깨달았다. "그때는 우리의 친구라고 주장했던 백인들이 우리가 상처 받고 고통 받게 되었을 때 환호하고 기뻐했습니다."라고 일라이어스는 말했다. "우리는 완전히 절망했습니다."

조사 결과에 따르면, 당시 최소 열한 명이 살해당하고 600명 이상이 잔인한 폭력의 희생자가 되었다. 어쩌면 이 모든 악행 중에서도 가장 위선적인 행태를 보인 장본인은, 클랜이 사람들을 매질하고 구타하고 목매단다는 사실을 익히 알고 있으면서도 클랜에 반대하는 설교를 거부했던 백인 목사들이었는지도 모른다.

당시 백인 목사 다수가 로버트 E. 쿠퍼 목사의 견해에 동조했다.

"저는 정치적인 내용의 설교는 전혀 하지 않습니다."라고 요크 카운티에서 살았던 쿠퍼 목사는 말했다. "내게 그런 공격에 대해서 가타부타 설교할 권한이 있다고는 한 번도 생각해 본 적이 없습니다……내 신도 중에 유색인은 한 명도 없었습니다. 십자가에 못 박히신 예수님에 관해서 설교하는 것이 내 원칙이었고, 그런 원칙을 충실히 따라왔습니다."

그러나 로버트 E. 쿠퍼로 대표되는 백인 성직자들이 쿠 클럭스 클랜에 대한 비난을 거부할 수는 있어도 흑인 미국인들의 신념과 정신, 의지를 꺾을 수는 없었다. 1871년 6월 플로리다 주에서 아프리카 감리교 감독 교회 목사들과 평신도들이 총회를 열어 남북전쟁 이후에 흑인 미국인들이 이룬 발전상에 대해서 토의했다. 그들은 상당한 자부심을 안고서, 정부 공여 농지를 일구어 작은 농장을 소유하게 된 근면한 가족들에게 주목했다. 아울러 흑인이 소유한 산업체 수와 점증하는 학교 및 교회의 수, 그리고 거의 300만 달러에 이르는 자유민들의 은행 저축액을 강조했다.

대부분의 흑인이 불과 6년 전만 해도 노예 신분이었다는 사실을 감안할 때 실로 괄목할 성취였다. "우리의 철천지 원수, 민주당 지지자들은 자유민이 일하지 않는다고 모략해 왔습니다. 우리는 그들의 주장에 반박하는 이러한 사실들을 자랑스럽게 확인하는 바입니다."라고 회장은 말했다.

클랜의 공격이 그렇게 급증한 것은 어쩌면 목사들이나 전도사들이 자유롭게 설교하며 자신이 이끄는 교구민의 삶을 바꾸려는 결의에 차 있었다는 사실을 반증한다고 볼 수도 있다. 또 어쩌면, 이 수치는 노예 시절과는 다른 삶을 일구겠다는 흑인 미국인들의 결의를 증명하는 것일 수도 있다.

흑인 성직자들은 설교단 위에서 사회와 정치 변화를 위해 앞장서는 지도자로서의 역할을 계속했다. 그들은 흑인에게 절실한 것이 무엇인지 찾아내려 애썼다. 그들은 국가로 하여금 스스로 정한 신조를 충실히 지키도록, 모든 미국인들의 자유와 평등이라는 약속을 이행하도록 요구하고 있었던 것이다.

"때때로 밤이 이슥해지면 우리는 모닥불 주위에 둥글게 모여 앉아 기도하고 노래하고 울기도 했다우. 하지만 감히 백인들이 그런 일을 알게 할 수는 없었지. 하나님의 은총 덕분에 이제는 원할 때면 언제든지 예배를 드릴 수 있지."

수전 메릿
텍사스 출신의 수전은 목화를 따다가 해방된 사실을 듣게 되었다. 수전과 그녀의 남편은 반작농으로 일했던 작은 농장에서 열다섯 명의 자녀를 키웠다. 수전은 자신의 정확한 나이를 모르고 다만 이 사진을 찍은 1937년에 87세일 거라고 짐작만 했다.(미국 의회 도서관)

9장

"이 나라를 통치해야 할 사람은 백인들이다!"

짐 윌리엄스는 사우스캐롤라이나 주 요크 카운티에서 벌어지는 쿠 클럭스 클랜의 야간 습격 소식에 격분했다. 그는 본래 노예로 태어났지만 남북전쟁 막바지에 자유를 찾아 탈출했고, 북군에 소속되어 참전한 바 있으며, 당시에는 전원 흑인으로 구성된 민병대 회사의 대위로 근무하고 있었다. 전쟁이 끝나자 고향으로 돌아가 레이니에서 윌리엄스로 개명했다.

백인들은 짐이 여전히 사우스캐롤라이나 주 요크 카운티의 백인 가문인 레이니가家 소유인 양 계속해서 그를 짐 레이니라고 불렀다. 짐과 그의 젊은 아내 로지는 요크빌에서 멀지 않은 브라이어 패치 근방 임대지에 작은 오두막을 짓고 살았다.

짐 윌리엄스는 요크 카운티에 있는 세 개 흑인 회사 중 하나인 주 민병대에 소속되어 있었고, 이 민병대 회사는 모두 96정의 총을

이름이 밝혀지지 않은 이 남자도 짐 윌리엄스처럼 노예 상태에서 탈출해 연방군에 입대했다.
이 그림을 그린 삽화가는 이 병사가 "이제부터 그와 그가 가진 것을 보호하겠다고 약속한 나
라를 위해서 싸우고자" 목숨을 걸었다고 기록했다. - 「하퍼스 위클리」, 1864년 7월 2일; 미
국 의회 도서관

보유하고 있었다. 그야말로 총다운 총으로, 사우스캐롤라이나 주의 공화당 소속 주지사 로버트 K. 스콧이 1870년 가을 선거를 2개월 앞두고 계약을 맺을 당시 민병대 회사에 보급한 엔필드 소총이었다.

1870년 가을 한철 동안 짐 윌리엄스는 2주마다 그리고 토요일 저녁마다, 북군 병사였을 때 배웠던 방법 그대로 민병대를 훈련시켰다. 그는 연습용 탄알을 한 사람당 두세 발씩 아껴서 배분했다. 짐과 다른 민병대원들은 거리를 순찰하다 백인을 만나면 검문하며 용무를 물었다. 이에 흑인은 말할 것도 없고 그 누구에게도 스스로를 변명할 이유가 없다고 생각했던 백인들은 울분을 터뜨렸다.

요크빌에 거주했던 한 변호사는 일부 순찰대가 백인들을 조롱했다고 주장했다. "그들은 길가에서 백인들을 모욕했습니다."라고 윌리엄 심프슨은 말했다. "백인들을 반란자라고 욕하기도 했고, 그들과 달리 백인들에게 총이 없는 이유가 스콧 주지사가 백인들의 총기 소유를 허락하지 않기 때문이라며 비아냥거렸습니다."

1871년 1월 22일, 클랜이 농촌 지역을 순찰하는 흑인들을 일제 소탕해 처단하고 헛간과 조면 공장을 불태운 것을 보복하겠다며 최후통첩을 게재한 뒤, 짐 윌리엄스는 그가 지휘하던 민병대를 공화당사가 있던 요크빌의 로즈 호텔에 주둔시켰다. 짐은 흑인 사회를 상대로 한 클랜의 대대적인 공격이 시간문제일 뿐임을 감지하고, 그가 이끄는 민병대를 향후 있을 공격에 대비시키고자 했다. 그는 거리에서 민병대를 훈련시켰고, 시골길을 따라 순찰을 강화했다.

이것은 대담한 조치였다. 짐 윌리엄스는 그가 이끄는 흑인 병사

KKK에 대한 흑인들의 저항을 묘사한 신문은 많지 않다. 이 삽화는 백인 우월주의자들이 저지른 폭력적인 행동에 복수하기 위해 무장한 흑인을 보여 준다. - 『하퍼스 위클리』, 1876년 10월 28일; 하프위크 유한회사

들이 요크빌에 거주하는 백인 주민들의 심경에 어떤 영향을 미칠지 알고 있었을 것이다. 다시 말해, 백인들이 푸른색, 남북전쟁 막바지에 조지아 주로부터 사우스캐롤라이나 주까지 진군하며 남부를 약탈하고 방화를 저지른 양키 병사들이 입었던 바로 그 푸른색 군복을 입은 흑인들을 눈앞에서 목격하는 사태에 얼마나 몸서리칠지 분명히 알고 있었을 것이다. 다수의 남부 백인들에게 흑인 민병대 회사란, 남부가 잃어버린 모든 것, 그리고 북부의 정복자들이 남부에 강요한 모든 수모와 굴욕, 인종 평등을 상징했다.

짐 윌리엄스는 또한 정부가 그의 회사에 보급한 총이 백인들에게 어떤 심리적 파장을 일으킬지도 잘 알고 있었다. 전쟁이 일어나기 전까지만 해도 백인들이 노예 봉기를 몹시 두려워했던 까닭에 대부분의 지역에서 흑인들은 사냥용 엽총조차 가질 수 없었다.

클랜이 마지막 한 사람까지 흑인들 모두를 무장 해제하고 자신들 방식대로 알아서 사태를 해결하겠노라고 협박하고 나섰을 때, 짐 윌리엄스는 그렇게 호락호락 당하고만 있지는 않겠다고 생각했다. 짐이 알고 지내는 흑인 가족은 거의 모두 공격이나 협박을 경험했던 터였다. 짐과 같은 남자들은 당당히 맞서는 것이 중요하며, 대항하지 않는 한 자신들이 설 곳이 없다는 사실을 잘 인식하고 있었다. 그래서 짐은 아내인 로지에게 주지사의 직접 명령이 없는 한 절대로 총을 포기하지 않겠노라고 맹세하기도 했다.

클랜이 경고장을 공개한 날로부터 사흘 뒤인 1월 25일, 로즈 호

205

텔에서 서너 발의 총성이 울렸다. 잠시 뒤 도시 외곽에 위치한 제분소 한 채, 헛간 한 채, 그리고 조면 공장 세 채가 일제히 화염에 휩싸였다.

이 화재와 함께 흑인이 도시를 탈취하고 모든 것을 불태워 버리겠다며 위협하고 있다는 뜬소문이 백인들 사이에 삽시간에 퍼졌다. "오늘 엄청난 소요가 일어났다."라는 말로 메리 데이비스 브라운은 그날의 일기를 시작했다. "검둥이들이 요크를 불태워 버리겠다고 밤까지 을러댔고, 남자들은 거의 모두 요크로 갔다. 그들은 스콧 주지사가 검둥이들에게 건넸던 총기를 모두 포기하게 만들 참이다."

로즈 호텔에서 울린 총성이 방화의 신호탄이라고 확신한 백인 주민들은 다른 클랜 소굴에 소식꾼을 보내 도움을 청했다. 수십 명에 달하는 무장한 클랜 단원들이 이런 부름에 응했는데, 그들 중에는 노스캐롤라이나 주처럼 상당한 먼 지역의 소굴에서 내달려 온 사람들도 있었다. 그들은 밤에 요크빌 시의 거리에서 순찰을 돌았다.

요크빌은 언제라도 인종 전쟁으로 치달을 듯 위태로웠다. "사람들이 모두 겁먹었습니다." 요크 카운티에 살았던 농장 인부 제임스 롱이 말했다. "그들이 아는 것이라고는 깜둥이들이 무기를 들고 나와 그들을 죽이려 한다는 것뿐이었습니다."

짐 윌리엄스는 그런 식의 충돌을 원치 않았고, 로즈 호텔에서 민병대를 철수시킴으로써 자신의 의도를 증명했다. 인종 긴장을 누그러뜨리고 백인들의 공포감을 덜고자 스콧 주지사는 장교 한 명을 파견해 요크 카운티 민병대의 무장을 해제했다. 그 장교는 세 개 흑인 민병대 회사에 총기를 반납하라고 명령했다.

한편, 클랜 단원들은 공언한 대로 그들 스스로 문제를 처리하고 있었다. 매일 밤 말을 타고 농촌 지역을 돌며 흑인 가족이 살고 있는 집을 수색하고, 그들을 끌어내 구타하고, 소지한 무기를 몰수했다. 이렇게 빼앗은 총은 자신들이 챙겼다.

이런 상황에서 짐 윌리엄스는 정부로부터 발급받은 총을 포기하지 않고 반납을 거부했다. 그 이유는 확실치 않은데, 클랜이 가진 강력한 소총에 대항해 흑인 사회가 스스로를 방어할 무기가 하나도 남지 않을까 봐 우려했을 수도 있고, 아니면 널리 알려진 소문대로 반격을 계획하고 있었던 것일 수도 있다. 어쨌든 당시 짐은 12정 이상의 민병대 총을 개인적으로 보관하고 있었다.

마일리어스 캐럴에 따르면, 짐 윌리엄스는 로즈 호텔로 향하는 도로 한복판을 노새를 타고 내려오고 있었다. 전하는 말에는, 윌리엄스가 그곳 호텔로 이어지는 계단에 서서, 쿠 클럭스 클랜이 이웃을 공격하기라도 하면 그들 중에 살아서 나올 자가 몇 없을 것이라고 호언했다고 한다.

이내 윌리엄스의 말이 와전되어 총을 포기하느니 "갓난쟁이부터 모두 죽여 버리겠다."라며 협박했다는 뜬소문이 삽시간에 퍼졌다. 윌리엄스가 으름장을 놓았다는 풍문이 입에서 입으로 전해지면서 백인들의 경계심이 한층 높아졌다. 노예 시절 옛 주인의 미망인인 줄리아 레이니조차 매우 걱정이 되었다. 소문 속의 짐이 과연 그녀가 켜켜이 알고 있는, 자신의 노예였던 그 짐이 맞을까? 그녀의 마부로 일했던 그 짐이 맞을까? 전쟁이 끝난 후 자신의 집에 그렇게 자주 들러 부엌에 나란히 앉아 정답게 담소를 나누던 그 짐이 맞을까?

"그는 나이 든 하인들을 만나려 언제든 자유롭게 저희 집 부엌에 드나들었습니다." 줄리아 레이니는 말했다. "우리는 항상 서로에게 충분히 예의를 차리는 사이였습니다. 그래서 [저는] 그에 대해서 많은 것을 보고 들을 수 있었지요." 그러나 이제 줄리아 레이니는 짐과 그가 이끄는 '난동자' 무리가 두려워졌다고 했다.

짐 윌리엄스가 실제로 대학살이 임박했다며 협박을 했는지, 아니면 클랜이 그들의 행동을 정당화하기 위해서 소문을 날조한 것인지, 정확한 사실은 알 수 없다. 그러나 그날, 윌리엄스가 로즈 호텔 계단 위에 서 있었던 바로 그날 늦게 요크 카운티 클랜의 소굴 세 곳은 다가오는 3월 첫 번째 월요일에 윌리엄스의 오두막을 급습하기로 계획을 세웠다.

클랜 단원이었던 마일리어스 캐럴은 뒤에 다음과 같이 간단히 말했다. "짐 윌리엄스나 그의 회사는 이 지역 일대에서는 아주 골칫덩어리였다는 말입니다."

1871년 3월 6일 월요일, 세 개 소굴은 브라이어 패치에서 모였다. 시간은 새벽 2시, 붉은색이나 흰색의 통옷을 입고 검은색 두건을 쓴 남자들 마흔 명가량이 밝은 달빛을 등지고 모습을 드러냈다.

쏟아지는 달빛 아래서 그들은 새로 입단한 몇몇의 신고식을 치르고 있었다. 열여섯 살인 샘 퍼거슨을 포함해 신입 단원들이 무릎을

끓고 클랜의 맹세를 암송했다. 그랜드 사이클로프스인 이 지역 의사 제임스 루퍼스 브래튼을 제외하고는 아무도 전체 계획을 완전히 알지 못했다. 브래튼은 짐 윌리엄스의 생애 전반을 익히 알고 있는 사람이었다.

마일리어스 캐럴이 짐 윌리엄스의 오두막으로 가는 길을 안내했다. 어둠이 내려앉은 소박한 오두막에 다다랐을 때, 남자들이 소리 높여 굳이 노예 시절의 이름을, 짐 윌리엄스가 아닌 짐 레이니를 불렀다. 그들은 잠시 기다려 보다가 이내 강제로 나무 문을 부수어 열고 폭풍처럼 밀고 들어왔다.

로지 윌리엄스가 남편이 집에 없으며 어디로 갔는지는 모른다고 남자들에게 애원하듯 말했다. 브래튼은 바닥의 마룻장을 들어 올리라고 클랜 단원에게 명령했다.

누군가 횃불을 높이 들어 올렸다. 어두컴컴한 지하실에 짐 윌리엄스가 웅크리고 있었다. 남자들이 달려들어 짐을 붙잡아 밖으로 질질 끌어냈다. 브래튼이 짐의 목에 밧줄을 맸다.

목이 졸리는 듯 짐이 내지르는 고통스러운 소리에 로지는 남편을 살려 달라며 남자들에게 빌었다. 그러나 클랜 단원들은 그녀에게 문 닫고 잠이나 자라며 으르렁거렸다. 문을 닫은 로지는 자신과 남편의 목숨이 경각에 달렸음을 깨닫고 두려움에 떨었다. 그녀는 갈라진 문틈으로 짐이 숲을 향해 질질 끌려가는 모습을 지켜보았는데, 이제 그마저도 더 이상 보이지 않았다.

그날 밤 로지 윌리엄스는 안절부절못하며 오두막 안을 서성거

토머스 내스트는 집단 폭력으로 희생된 두 남자를 묘사한 이 그림을 '남부식 정의'라고 불렀다. 왼쪽은 흑인이고 오른쪽은 백인 양키이다. 이들을 지켜보는 군중 가운데 어린아이도 보인다. - 『하퍼스 위클리』, 1867년 3월 23일; 미국 의회 도서관

렸다. 그녀는 누구에게도 도움을 청하지 않았다. 두려움 때문일 수도 있지만 그 누구도 이제 남편을 구할 수 없음을 알고 있었기 때문일 수도 있다. 의사에서부터 보안관까지 마을에서 내로라하는 사람들은 하나같이 클랜 단원이었다. 가장 가까운 전신국은 약 32킬로미터 떨어진 체스터 마을에 있었고, 그 전신국 사무원 역시 클랜 단원으로 알려진 사람이었다.

다음 날 아침, 로지 윌리엄스는 용기를 내서 남편 짐을 찾아 나섰다. "무서웠습니다." 로지는 당시를 회상했다. "아는 사람들에게 갔지요. 나를 도와 남편을 찾아 줄 이가 없을까 하고요. 한 노인을 만났는데 짐을 찾았다고, 그런데 짐이 죽었다고 말했습니다. 그들이 짐을 목매달았다고요."

사건이 있던 날로부터 53년이 지난 뒤에 마일리어스 캐럴은 그날의 살인에 관한 참혹한 사실들, 다시 말해 짐 윌리엄스가 자신의 목숨을 구하기 위해 어떻게 싸웠는지, 그가 얼마나 간절하게 청하고 기도했는지, 목에 밧줄을 건 그가 키 큰 소나무를 얼마나 재빨리 타고 올라갔는지, 클랜 단원들이 그를 뒤쫓아 올라가 어떻게 그를 밀어냈는지 이야기했고, 이어 짐이 두꺼운 나뭇가지를 끌어안고 버티자 그를 나무에서 떼어 내려고 클랜 단원이 칼로 그의 손가락을 잘라 버렸다는 사실까지 밝혔다.

"그는 욕을 했다가 애원을 했다가 다시 기도를 했다가 하면서 죽어 갔습니다."라고 마일리어스 캐럴이 말했다. 브래튼이 끝까지 모욕을 주려고 윌리엄스의 셔츠 위에 종이를 한 장 붙였다. 그 종이에는

"소집된 짐 윌리엄스 대위."라고 쓰여 있었다.

짐 윌리엄스 살해 사건을 계기로 흑인 사회 전체에 두려움이 해일처럼 밀려왔다. 짐이 속했던 민병대 회사는 이틀 동안 그를 죽인 백인들을 모두 찾아 죽이겠다고 큰소리쳤다. 하지만 결국 그들은 보복을 포기했다.

짐 윌리엄스가 살해되고 사흘이 지난 1871년 3월 9일, 클랜은 『요크빌 인콰이어러』*Yorkvill Enquirer*지에 다음과 같이 대담한 선언을 담은 공고문을 게재했다. "이 나라를 통치해야 할 사람은 바로 높은 지성을 가진 정직한 백인(납세자)들이다! 이제 더 이상 깜둥이 법, 흑인들의 무력, 비참하게 퇴보한 도둑 떼 같은 입법자들(하나님께서 험한 말을 용서하시길!), 인간쓰레기, 쓸모없는 창조물들을 참고 묵인할 수 없다. 우리는 이 모든 것을 끝내겠다고 선언하는 바이다. 설혹 우리가 '폭력에 의해 폭력을 쓰도록 강요받는' 것일지라도, 우리는 그것을 끝내기로 작정했다."

클랜의 잔학상과 수를 헤아릴 수 없는 사건들에 관한 보고서가 그랜트 대통령의 집무실과 의회에 쇄도했다. 매질당하고 학대당하고 총에 맞고, 살기 위해 두려움을 안고 숨어들도록 몰린 공화당 지지자들 소식이 테네시 주 내슈빌로부터 대통령과 의회에 전달되었다. 앨라배마 주에서는 교사 윌리엄 루크가 클랜에게 목매달려 살해당하기 직전에 아내에게 남긴 마지막 편지에 관한 이야기가 들려왔다.

미시시피 주 머리디언에서 보내온 보고서에 따르면, 어느 법정에서 백인 판사 한 명과 흑인 증인 일곱 명이 총에 맞아 사망했다. 마지막 여덟 번째 흑인 증인만이 가까스로 총격을 피했지만 결국 2층 창문에서 내던져져서 세상을 떠났다고 했다. "연기가 모락모락 피어오르는 화산"으로 묘사되고는 했던 켄터키 주에서 클랜으로부터 보호해 달라며 요청하는 자유민의 편지가 의회에 도착했다. 노스캐롤라이나 주에서는 옛 클랜 단원이라고 밝힌 한 남자가 여전히 지하에서는 '잃어버린 명분'을 위해 투쟁하고 있다고 인정했다. 이 증인의 말에 따르면, 재건 정책을 모두 뒤엎고 흑인의 투표권 행사를 막는 것이 클랜의 궁극적인 목표라고 했다.

사우스캐롤라이나 주에서는 테러와 폭력을 현장에서 목격한 루이스 M. 메릴 시장과 같은 연방군 장교들이 보낸 보고서도 속속 당도했다. 그러나 미합중국 헌법에 따르면, 메릴 시장이나 그가 이끄는 연방 군대는 지방 또는 주 당국의 협조 요청을 받지 않는 한 함부로 개입할 수 없었다.

부관 참모에게 보낸 장문의 보고서에서 메릴 시장은 거듭거듭 분통을 터뜨리며 좌절감을 토로했다. "그들이 누구이고, 무슨 짓을 저질렀고, 무엇을 요구하고 있는지 이미 완전히 파악한 상황에서 이런 불명예스러운 비겁자들을 보고도 한 발자국 떨어져 구경만 하고 있으려면 많은 인내심과 자기 통제가 필요합니다."라고 그는 적었다.

이로써 마침내 그랜트 대통령은 수천 명의 클랜 희생자들이 이미 오래전부터 알고 있었던 사실, 다시 말해 사람들의 재산과 생명이 위태로운 지경에 놓여 있으며 남부의 지방 법원과 주 법원 안에서

1871년 4월 20일, 율리시스 S. 그랜트 대통령이 쿠 클럭스 클랜 법이라는 별칭으로 더 잘 알려진 1871년 민권법에 서명하고 있다. - 『프랭크 레슬리스 일러스트레이티드 뉴스페이퍼』, 1871년 5월 13일; 미국 의회 도서관

는 정의 실현이 불가능하다는 사실을 깨달았다. 클랜의 영향력과 부패 정도는 너무나 광범했다. "이러한 사회악을 바로잡을 수 있는 힘은 주 정부의 통제권을 넘어섰다고 확신합니다."라고 그랜트 대통령은 의회에 보내는 전갈에 적었다.

그러나 앞서 메릴 시장이 한탄했듯이, 미합중국 헌법은 연방 정부가 각 주에 군대를 파견할 수 있는 권한을 제한하고 있었다. 사우스캐롤라이나 같은 주에 연방 군대를 배치하기 위해서는 연방 정부가 스스로에게 개입 권한을 부여해야 했다.

그랜트 대통령이 의도한 바 역시 정확히 그것이었다.

4월에 그랜트 대통령은 이른바 '쿠 클럭스 클랜 법'이라고 알려진 1871년 민권법에 서명했다. 이 새로운 법은 이미 3년 전인 1868년 비준된 바 있는 수정헌법 제14조를 집행하는 법률이었다. 쿠 클럭스 클랜 법에 따라 개인의 투표권, 공무담임권, 배심원단으로 봉사할 권리의 행사나 법 앞에서의 평등한 보호를 방해하는 행위는 연방법 위반으로 규정했다.

이 법은 또한 서로 공모하거나 복면을 하고 개인을 겁박하거나 위해하는 단체, 시민을 보호하려는 주 당국을 방해하는 행위도 모두 불법으로 규정했다. 이와 관련된 불법 행위로 기소된 단체나 개인은 지방이나 주 법원이 아닌 연방 법원에서 심리한다.

극단적인 폭력이 발생한 경우, 이 법률에 따라 대통령은 연방 군대를 파견할 권한을 부여받았고 인신 보호 영장 제도, 즉 구속 전에 피의자를 판사 앞에 데려오는 조치와 명백한 증거가 없는 한 심리를 위해 체포되거나 구속되지 않을 권리를 중지할 수 있게 되었다. 인신 보호 영장 제도를 중지하면 연방 정부는 신속하게 조치를 취해 대규모 소탕이 가능하다. 그렇지 않은 경우에는 한 사람, 한 사람 체포할 때마다 공식적인 심리 절차를 밟아야 한다.

이 마지막 조항 때문에 민주당 의원들은 격분했고, 새로운 법률이 "불법적인 체포"에 해당하며 "인신 보호 영장의 특권은 중지될 수 없다."라고 규정한 미합중국 헌법을 완전히 위반하는 내용이라고 비난했다. 그러나 헌법에는 다음과 같은 조건이 부기되어 있다. "반란이나 침략 또는 공공의 안녕을 위해서 그것이 필요한 경우가 아닌 한."

민주당 의원들은 클랜에 관한 보고서가 매우 과장되었으며, 이런 '신화'를 근거로 법률을 제정할 까닭이 전혀 없다고 주장했다. 그들은 새로운 법률이 개인의 자유에 대한 직접 위협이라고 비난했다. 남부의 한 여성은 이와 같은 '불법적인 체포'에 대해서 격렬하게 지탄했다. "백지 영장을 발부받거나 아예 영장 자체를 발부받지도 않은 채 백인 남자를 구속할 수 있다." 머르타 록하트 에버리는 이렇게 적었다. "집에서 먼 곳으로 이송되어 수주일에서 수개월 동안 구금당했다가 재판에 기소도 되지 않고 방면될 수도 있다."

한편, 유력한 공화당 의원들은 본 법을 지지했다. 처음 이 법을 입안했던 하원 의원 중 한 명인 벤저민 버틀러는 "연방 정부가 각 주에서 미합중국 시민의 권리와 자유, 생명을 보호할 수 있는 법률을 통과시킬 수 없다면, 이러한 기본권 보장에 관한 조항을 애초에 헌법에 적시할 필요가 없지 않습니까?"라고 물었다.

쿠 클럭스 클랜 법안은 결국 가결되었고, 그랜트 대통령과 연방 정부는 마침내 클랜에 대항할 권리와 권한을 부여받게 되었다.

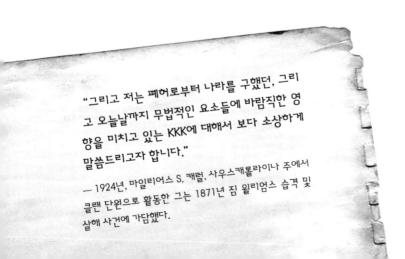

"그리고 저는 폐허로부터 나라를 구했던, 그리고 오늘날까지 무법적인 요소들에 바람직한 영향을 미치고 있는 KKK에 대해서 보다 소상하게 말씀드리고자 합니다."

— 1924년, 마일리어스 S. 캐럴. 사우스캐롤라이나 주에서 클랜 단원으로 활동한 그는 1871년 짐 윌리엄스 습격 및 살해 사건에 가담했다.

10장

"그것이 나쁜 일인지 몰랐습니다"

그랜트 대통령은 쿠 클럭스 클랜이 특히 극성인 몇몇 주에 비밀 형사들을 파견했다. 사업가나 구직자로 신분을 위장한 비밀 형사들이 조직에 잠입했다. 그들은 단원 명단과 함께 신호와 암구호에서부터 암호, 도움을 청하는 그들만의 비밀 외침인 "눈사태다." 등에 이르기까지 클랜에 관한 기밀 정보를 알아냈다. 비밀 형사들은 전보를 이용해서 대통령에게 수많은 보고서를 보냈다.

연방 정부가 군대를 사용할 수 있는 권한을 확보했지만, 법무성은 아직까지 사법 수단에 의지해 클랜을 소탕하기를 바라고 있었다. 그들은 미국이 법치국가라는 사실이, 제대로 집행만 한다면 법률을 통해서 범법자를 체포, 재판, 단죄할 수 있는 나라임이 증명되기를 바랐다. 법무성은 연방 군대를 지방 당국의 체포 활동을 돕는 최후의 수단으로 남겨 놓고자 했다.

쿠 클럭스 클랜 법은 지방 및 주에서 발생한 사건에 개입할 수 있는 권한을 연방 정부에 부여했다. 1871년 8월, 노스캐롤라이나 주의 한 소굴은 (그림에서 묘사된) 공화당원인 존 캠벨에게 사형을 선고했다. 다행스럽게도 연방 경찰관과 연방 군대가 제때 도착해 캠벨을 구하고 클랜 단원들을 체포했다. -「프랭크 레슬리스 일러스트레이티드 뉴스페이퍼」, 1871년 10월 7일; 미국 의회 도서관

이런 복안을 실행에 옮기기 위해 법무성은 공화당과 민주당 양당에서 각각 일곱 명의 상원 의원과 열네 명의 하원 의원들을 선발해 합동 위원회를 구성하고, 남부 각 주의 상황을 조사할 수 있는 권한을 부여했다. 이 합동 위원회는 클랜이 가장 맹위를 떨친 사우스캐롤라이나 주, 노스캐롤라이나 주, 조지아 주, 플로리다 주, 테네시 주, 앨라배마 주, 미시시피 주에 소위원회를 파견했다. 루이지애나 주, 아칸소 주, 텍사스 주, 버지니아 주 등에서는 증거 수집을 위해 최소한의 노력만을 기울였다. 켄터키 주에서는 아무런 조사도 이루어지지 않았다.

1871년 5월부터 12월까지 8개월 동안 소위원회는 클랜 단원과 희생자, 공화당원과 민주당원, 대농장주와 농부와 가난한 백인, 고등 교육을 받은 사람과 그렇지 못한 사람, 성직자와 교사, 흑인과 백인, 남자와 여자, 성인과 청소년, 어린이 등 각계각층의 목격자들로부터 증언을 수집했다. 클랜 단원 중 가장 나이가 어린 친구는 사우스캐롤라이나 주 클랜 우두머리의 아들로서 고작 열세 살이었고 아버지 손에 이끌려 클랜에 가입한 뒤 심지어 습격에도 참여했다.

증인들의 증언은 공개 심리를 통해서 검증하고 다시 교차 검증했다. 신문 기자들이 증인들의 말을 직접 인용하거나 요약해서 보도했다. 북부의 독자들은 수주일 동안 진행된 재판 과정을 관심 있게 지켜보았고, 그 폭력의 규모와 잔혹성에 경악했다.

플로리다 주의 클레이 카운티에 사는 자유민 새뮤얼 텃슨과 그의 아내 해너 텃슨은 조사가 이루어지고 있다는 소식을 접한 뒤 땅문서를 챙겨 카운티 관청이 있던 그린 코브 스프링스로 향했다. 이곳에 가면 검사의 도움을 얻을 수 있다고 들었던 터였다.

그곳에서 누군가가 텃슨 부부에게 공중목욕탕을 가리켰다. 부부가 밖에 서서 기다리는데, 어딘가 높은 사람들로 보이는 백인 남자 몇 명이 모습을 드러냈다. "신사분들 중에 혹시 검사가 있지 않나요?"라고 새뮤얼 텃슨이 물었다. 남자들 중 한 명이 그렇다고 대답하자, 새뮤얼은 그에게 땅문서를 보여 주며, 부부가 3년 동안 소유하고 일군 땅을 강제로 빼앗으려고 클랜 단원들이 그와 그의 아내를 구타했던 이야기를 들려주었다.

3주 후, 새뮤얼과 해녀는 플로리다 주 잭슨빌의 법정에서 열린 의회 소위원회에서 증언했다. 그들은 잔인한 폭력 행위에 대해서, 그리고 그로 인해 체포된 사람이 하나도 없었던 그간의 정황에 대해서 다시 한 번 이야기했다.

남부의 각 주에서 텃슨 씨 부부와 같은 자유민 수백 명이 앞으로 나서서 자신들이 겪은 이야기를 증언했다. 증언으로 인해 기소를 당하거나 해고될지, 구타를 당하거나 심지어 살해될지, 어떤 결과가 초래될지 아무도 정확히 앞일을 예측할 수 없는 상태였기에 매우 큰 용기가 필요한 일이었다.

그럼에도 그들은 앞으로 나섰다. 사우스캐롤라이나 주의 헨리 립스컴과 같은 사람들은 자신이 평생 살아온 삶을 낱낱이 잘 알고 있던 이웃들이 어떻게 자신을 공격했는지 증언했다. 당시 75세였던 헨리의 형제는 불구가 되도록 얻어맞은 사연과 그가 경작한 작물의 상당 부분을 빼앗긴 과정을 털어놓았다. 그는 이내 자신을 포함해서 흑인 사회 전반으로 확산되었던 공포와 두려움에 대해서 이야기했다. "사람들이 두려워서 밤에 집에 있을 수가 없습니다."라고 대니얼 립스컴은 말했다. "밖에서 바스락거리는 소리라도 들릴 때에는 밖을 내다보며 누가 와서 나를 잡아가지는 않을지 살핍니다…… 저는 딱 한 번 습격당했을 뿐이지만, 한번 불에 덴 아이는 평생 불을 무서워하는 법이지요."

앨라배마 주에서는 조지 테일러가 클랜이 집과 땅을 강제로 빼앗고 그들 가족을 내쫓는 과정에서 부부가 가진 모든 것을 잃게 된 사연을 법정에서 증언했다. 테일러 가족은 수확만 남은 막대한 작물을 들에서 거두지 못했고, 한 해를 날 수 있을 만큼 먹을거리를 쟁여 놓은 곳간과 조지가 좋은 값에 사들였던 노새 두 마리, 말 한 마리를 버려두고 떠났다고 증언했다.

사우스캐롤라이나 주의 요크빌에서는 장애인 전도사 일라이어스 힐이 혹시나 그 장본인들이 듣지나 않을까 하는 두려움에 떨며 자기를 공격한 자들의 이름을 속삭이듯 증언했다. 그는 클랜의 공격이 자기 자신과 흑인 사회에 미친 파괴적인 효과를 설명했다. "과거 역사를 보아도 현재의 상황을 보아도 우리는 그런 일이 실제로 가능하다는 것을 여전히 믿을 수가 없습니다. 우리는 이 땅에서 평화롭게 살고 있었고, 자녀들이 바라는 대로 그들을 교육하고 키웠을 따름입니다. 그들은 실제로 이런 일이 있을 수 있다고 믿지 않는데, 그건 저도 마찬가지입니다."

그림 속 자유민들은 아칸소 출신으로, 라이베리아행 배편을 기다리고 있다. 그들은 새로운 나라에서 자기 땅을 소유하고 독립적인 생활을 꾸려 나가기를, 미국에서는 더 이상 불가능하다고 판단한 꿈을 실현할 수 있기를 소원했다. 한편, 대다수의 흑인 미국인들은 미국 시민권과 평등권에 대한 권한을 결코 포기하지 않았다. "우리는 아프리카인이 아니라 유색인 미국인이며, 미국 시민이 될 자격과 권리가 있습니다."라고 1877년 한 남자가 기록했다.

- 『프랭크 레슬리스 일러스트레이티드 뉴스페이퍼』, 1880년 4월 24일; 미국 의회 도서관

그해 늦가을, 일라이어스 힐과 167명의 옛 노예들은 1847년 아프리카의 서부 연안에 수립된 자유 공화국인 라이베리아로 가는 배에 올랐다. 라이베리아를 건국한 미국 식민 협회는 백인이 가진 편견 때문에 미국에서는 결코 흑인이 완전한 민권을 행사하는 날이 올 수 없다고 믿었다.

사우스캐롤라이나 주의 컬럼비아에서는 로지 윌리엄스가 나서서 짐 윌리엄스가 총을 포기하길 원치 않았던 이유, 클랜이 자신이 살던 오두막을 습격해 남편의 목에 밧줄을 걸어 옥죄던 과정을 이야기했다. 그녀는 클랜이 짐 윌리엄스를 숲으로 끌고 간 다음 날 아침 소나무에 목이 매달린 그의 시신을 발견한 순간을 증언했다. 그렇지만 로지 윌리엄스는 증인에서 제외되었다. 피고 측 변호인이 총에 관한 그녀의 증언이 "전해 들은 말"에 불과하다며 반대 의견을 내놓았기 때문이었다.

미시시피 주의 백인 교사 코닐리어스 맥브라이드는 공책 여러 권을 들고 워싱턴에 당도했다. 그는 자신이 작성한 기록을 보며 미시시피 주 스파타와 인근 카운티에서 학교 교사와 자유민을 대상으로 일어난 클랜의 습격에 관해 설명했다. 각각의 폭력 사태를 상세하게 묘사한 그의 증언은 그 분량이 무려 엷여덟 쪽에 달했다.

맥브라이드는 두려움 때문에 희생자들이 습격자를 고소조차 할 수 없었던 그간의 사정을 설명했다. "오직 저만이 그런 시도를 할 수 있었고, 그러면서 저는 목숨을 걸어야 했습니다. 생사가 달린 문제임을 잘 알고 있었습니다. 할 수만 있었다면 그들은 저를 살해했을 겁

뉴욕 출신의 한 양키 교사가 상원 위원회에 증인으로 출석해 클랜이 그가 가르치던 남부의 학교에서 떠나라고 강요하며 잔인하게 공격했던 과정을 설명하고 있다. -『프랭크 레슬리스 일러스트레이티드 뉴스페이퍼』, 1871년 4월 8일; 빙엄턴 대학교의 특별 컬렉션

니다."

위원회에서 맥브라이드는 쿠 클럭스 클랜에 가담했던 남자들의 유형을 다음과 같이 요약했다. "전반적으로 그들은 글을 읽고 쓸 줄 모르는, 배운 것 없는 자들이었습니다. 그리고 다른 사람들도 모두 자기처럼 글을 배우지 못하게 만들겠다고 작정한 사람들 같았습니다."

폭력이 가장 심했던 지역은 그랜트 대통령이 연방 경찰관과 연방 군대를 파견해 '밤의 기마단' 문제를 처리했다. 그랜트 대통령은 새롭게 확보한 권한을 십분 발휘하여 사우스캐롤라이나 주의 아홉 개 카운티에서 인신 보호 영장 제도를 중지했고, 덕분에 증거 입증을 기다리지 않고도 클랜 단원 혐의자들을 일망타진해서 구금할 수 있었다.

사우스캐롤라이나 주 클랜 단원들에 대해서는 무기와 변장 용품을 포기하고 반납하라는 명령이 내려졌다. 연방 경찰관과 연방 군대의 압박이 심해지자 사우스캐롤라이나 주의 클랜 단원 수백 명이 투항했다. 심지어 전체 소굴이 함께 투항하는 경우도 있었다. 상당수가 자신의 죄를 인정했고, 면책이나 형 경감을 대가로 증언에 나섰다. 클랜은 이런 단원들을 "토 나오는 인간들"이라며 욕했다. 일부 소굴은 '토 나오는 인간들'과 클랜에 불리하게 증언한 다른 사람들에 대한 복수를 맹세하기도 했다.

남부 전역에서 클랜 단원 수천 명이 달아났다. 사우스캐롤라이나 주 한 곳에서만 약 2000명의 클랜 단원이 캐나다로 탈출한 것으로 짐작된다. 이들 도망자 중에는 요크 카운티의 저명한 의사로서 짐 윌리엄스 습격과 살해를 모의했던 제임스 루퍼스 브래튼과 흑인 전도사를 상대로 잔혹한 공격을 이끌었던 또 다른 의사, 에드워드 에버리도 포함되어 있었다. 그들의 친구들은 이 두 의사처럼 훌륭한 시민이 그런 범죄를 저지른다는 것은 말이 안 된다며, 두 사람은 정치 탄압을 피해 달아났을 뿐이라고 주장했다.

민주당 지지자들은 대규모 체포와 기소 사태에 엄청난 분노를 표하고 적대감을 드러냈다. 그들은 희생자들의 증언이 거짓이고 진실을 왜곡하고 있다며 비난했다. 혹자는 희생자들이 외려 쿠 클럭스 클랜을 자극해 공격의 빌미를 제공했다고 주장하기도 했다. 앨라배마 주에서 어느 하원 의원은 윌리엄 루크가 그 지역 클랜 소굴의 지도자들 사이에서 유독 적대감을 야기해 페이토나의 주민들이 그를 거세게 비난했다고 주장했다. "루크는 스스로를 아주 고약한 사람으로 만들었습니다."라고 민주낭 시지자인 피터 독스가 말했다. "그는 인종 잡혼주의자였고…… 이런 생각은 주민들에게 상당한 불쾌감을 안겨 주었습니다."

다른 증인들은 클랜이 정치 부패를 방지하거나 단죄하기 위해 스스로 법을 집행함으로써 마지못해 규제 역할을 담당했던 것이라고 주장하기도 했다. 안타깝지만 부정부패에 대한 이런 비난은 사실인 경우가 많았다. 재건 시대 내내 흑인이고 백인이고 할 것 없이 많은 공화당 소속 공무원들이 유권자 매수부터 부정 축재까지 각종 비리에 개입해 왔다. 물론 민주당원들도 예외는 아니었다.

수천 명에 달하는 클랜 단원들을 모두 기소하기에는 예산과 인력이 부족했기 때문에 검찰은 지도부에 집중했다. 네이선 베드포드 포리스트의 예로 대표되듯이, 일부 클랜 지도부는 증언하는 대가로 사면을 약속받았다.

그러나 사면을 약속받았음에도, 포리스트는 기억나지 않는다며 많은 질문을 회피했다. 포리스트를 잘 아는 사람들은 그가 머리 회전이 빠르고 기억력이 비상하다고 평가했지만, 정작 검사의 질문에는 한결같이 "기억이 나지 않습니다." "모르겠습니다."라고 대답하며 모르쇠로 일관했다.

포리스트는 클랜이라는 조직에서 자신이 담당했던 역할을 부정하면서 다른 한편으로는 클랜 단원들이 북부 공화당의 침략과 흑인 폭동으로부터 남부를 방어했다고 주장함으로써 클랜이 저지른 폭력 행위를 정당화하기도 했다. "저는 이 조직이 약자를 보호하기 위해 세워졌다고 생각합니다."라고 포리스트는 주장했다. "정치적 의도 같은 것은 전혀 없었습니다."

클랜 단원 수가 55만 명에 이른다고 포리스트가 호언했던 『신시내티 커머셜』지와의 인터뷰에 대해서 검사가 묻자, 그는 이번에도 기자의 탓으로 돌렸다. "기사 전체가 잘못되었습니다. 기자가 있는 그대로 기사를 쓰지 않았습니다. 단원 수 얘기라면 전혀 아는 바 없습니다…… 운영에 관한 사항은 전혀 모릅니다."라며 증인 선서를 마친 포리스트가 말했다.

포리스트는 자신이 쿠 클럭스 클랜에 대해서 아는 것이라고는 "다른 사람들에게서 들은 정보"가 전부라고 주장했다. 그럼 정보를 알려 준 사람들 이름을 말하라고 압박하자, 한 명은 이미 세상을 떠났고 다른 사람들 이름은 기억나지 않는다는 게 그의 대답이었다.

그러나 1868년 대통령 선거 이후 쿠 클럭스 클랜에게 해단을 촉구했던 사람은 바로 그 자신이라고 주장했다. "그 조직과 관련되었다고 생각한 여러 사람들과 대화를 나누었고 해체하라고 권했습니다. 조직이 와해되어야 한다고 주장했지요."라고 포리스트가 말했다. "평화를 유지하는 것이 제 목표였습니다."

털어놓은 것보다 더 많은 정보를 포리스트가 알고 있다는 사실, 그리고 이 악명 높은 기병대 장군이 능수능란하게 검사를 구워삶았다는 사실에는 의심할 여지가 거의 없다. 재판이 끝난 후 포리스트는 어느 술집에서 친구에게 다음과 같이 말했다고 한다. "나는 줄곧 신사처럼 점잖은 거짓말만 늘어놓았다네." 의회의 조사 위원회는 그가 클랜을 설립했다거나 이끌었다는 증거가 없다며 최종적으로 포리스트에게 유리한 결정을 내렸다.

불과 몇 개월 전만 해도 흑인 남자와 여자, 아이들이 클랜에 대한 두려움으로 사우스캐롤라이나 주의 숲과 늪지에 숨어 지냈다. 그러나 이제는 사우스캐롤라이나 주의 클랜 단원 수백 명이 체포될까 두려워 숲으로 들어갔다. 다른 수백 명의 단원들은 사면이나 형 경감을 대가로 증언하거나 유죄를 인정했다. 대표적인 사례로, 마일리어스 캐럴은 짐 윌리엄스를 공격한 사실은 인정했지만 누가 그를 살해했는지 모른다고 부인했다. 캐럴은 150달러의 벌금형을 선고받고 18개월 동안 복역했다.

10대 후반부터 20대 초반대의 클랜 단원 대부분은 교육의 부족을 탓했다. 한 판사는 이를 두고 "개탄스러운 무지"라고 표현하기도 했다. 이들은 속아서 클랜에 가입하게 되었다고 변명하며 자신들과 같이 가난한 사람들은 항시 공동체 지도자의 명령에 따르기 마련이라고 주장했다.

윌리엄 셀프와 같은 사우스캐롤라이나 주의 일부 클랜 단원은 늦게나마 후회하는 것처럼 보이기도 했다. 셀프는 판사에게 다음과 같이 고백했다. "잘못을 저질렀다는 것은 저도 알고 있습니다. 클랜의 명령을 받아서 한 짓이지만 그것이 옳지 않다는 것쯤은 당연히 알고 있었습니다." 판사는 윌리엄 셀프의 행동이 "남자답지 못한" 짓이었다고 평가하며, 이미 "고통 받은" 시간을 포함해 징역 3개월을 선고했다.

한편, 뉘우치지도 않고 자신들이 지른 일이 그릇된 것이었음을 끝까지 인지하지 못하는 사람들도 있었다. 19세의 프레더릭 해리스가 자신과 자기네 소굴 단원들이 침대에서 끌어내 채찍질했던 흑인 피해자들의 이름을 거론하며 다섯 건의 습격 사건을 고백하자, 휴 본드 판사는 그에게 물었다.

"만약 제임스 개프니(희생자 중 한 명)가 침대에서 잠자는 자네를 끌어내 채찍질했다면, 그래도 그것이 잘못된 일이라고 생각하지 않겠나?"

"음, 그런 생각은 한 번도 해 본 적이 없습니다."

"그도 자네하고 똑같을 것이라고 생각해 본 적이 없나?"

"그게 나쁜 일인지 옳은 일인지 잘 몰랐습니다. 저는 그저 조직으로부터 명령받은 대로 따랐을 뿐입니다."

휴 본드 판사는 자기 앞에 서 있는, 동정심도 뉘우침도 양심도 없는 클랜 단원을 보고 소름이 돋았다. "자네들 중 누구도 인간의 존엄성에 대해서 일말의 생각도, 존중하는 마음도 없는 것 같군."

판사는 클랜 단원들에게 두 가지 중 하나를 선택하라고 말했다. 즉, 쿠 클럭스 클랜의 법을 따르는 무지렁이로 남든가 아니면 인간이 되어 미합중국의 법률을 준수하든가. "이 두 가지는 서로 양립할 수 없는 것"이라면서 본드 판사는 선택에 대해서 말했다. "법의 우위를 인정하려면, 자네 같은 우매한 자들에게는 약간의 남자다움과 용기가 필요하다네."

"한 사람 한 사람이 자기 자신의
포도 덩굴과 무화과나무 아래에서
하나님을 섬겨야 한다."

마틴 잭슨
1937년, 마틴 잭슨이 아버지에게서 들었
던 이 충고를 회상하고 있다. 아버지 말
씀에 따르면, 자유에 대한 완전한 약속이
란 사람이 스스로를 위해 일할 권리, 두려
움 없이 자신이 노동한 대가인 열매를 딸 수
있는 권리를 말한다. 1847년에 노예로 태어
난 마틴 잭슨은 사진을 촬영할 당시 90세였
다. (미국 의회 도서관)

"너무나 오래 걸렸습니다."

현대 사학계 일각에서는 쿠 클럭스 클랜 재판을 위대한 승리였다고 평가한다. 연방 정부가 사법 제도와 연방 군대 파견을 통해 클랜을 와해시키는 데 일단 성공했기 때문이다. 남부의 여러 주 정부로서는 그럴 능력이 없었거나 아니면 하고자 하는 의지가 없었던 과제를 해결한 것은 사실이다. 이처럼 쿠 클럭스 클랜 재판을 긍정적으로 평가하는 사학자들은 혼란스럽기만 하던 남부 지역에서 그 뒤로 질서가 회복되고 폭력 행위가 감소했다는 사실을 강조한다.

이에 반해 다른 사학자들은 제대로 된 청소를 미루고 양탄자 아래로 먼지를 쓸어 넣어 순간을 모면한 격이라고 평가하기도 한다. 북부 백인들의 진짜 목적은 남부 흑인들의 생명과 권리 보호가 아니라 반란을 진압하는 것이었다고 그들은 주장한다. 수만 명으로 추산되는 백인 남자들이 클랜에 가입한 상태였고, 그들이 무방비 상태의 무

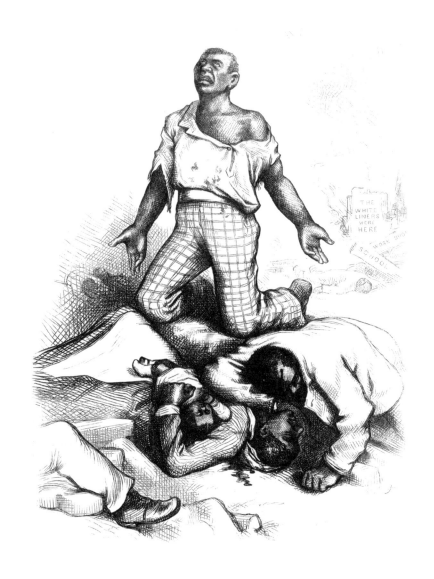

절망한 남자가 백인의 폭력으로 스러진 희생자들 곁에 무릎을 꿇고 있다. 삽화가 토머스 내스트는 그림 설명에서 "이것이 공화제 정부입니까? 이것이 생명과 자유, 재산의 보호입니까? 이것이 법 앞의 평등한 보호입니까?"라고 묻고 있다. - 『하퍼스 위클리』, 1876년 9월 2일; 미국 의회 도서관

고한 사람들을 상대로 수많은 잔학 행위를 저질렀다. 그러나 일제 단속에도 불구하고 남부 각 주에서 재판을 받은 사람은 3319명뿐이었고, 그중에서 유죄 판결을 받은 사람은 고작 1143명에 불과했다. 설상가상으로 이렇게 유죄가 선고된 사람들조차 대다수는 벌금형이나 가벼운 형 중의 하나 또는 그 두 가지를 모두 받는 선에서 그쳤고, 나머지는 유죄를 인정하는 대가로 집행 유예 선고와 경고를 받는 것으로 끝이었다. 나머지 2176명은 법원이 공소를 기각했다.

1872년 5월, 쿠 클럭스 클랜 재판이 끝났고 의회는 사면법을 통과시켜 15만 명에 이르는 나머지 남부 연합 지지자들 대부분을 사면했다. 이제 투표권과 공무담임권을 제한받는 반란자의 수는 500명뿐이었다.

그해 가을 그랜트 대통령은 손쉽게 재선에 성공했다. 이듬해에 그는 여전히 혼란스러운 남부의 평온을 되찾기 위한 조치라는 명분으로 복역 중인 클랜 단원들을 사면하기 시작했다. 당시의 사면 조치 덕분에 달아나거나 숨어 살던 클랜 단원 대부분이 집으로 돌아왔다. 유죄 판결을 받은 모든 클랜 단원이 단 4년 만에 형기를 마치거나 사면을 받게 된 것이다.

이러한 유화적인 조치에도 주 선거나 지방 선거가 치러질 때마다 새로운 양상의 폭력 행위가 끊이지 않았다. 라이플 클럽, 레드 셔츠, 화이트 리그, 화이트 라이너스 및 화이트 캡스 같은 백인 우월주의 집단이 이름을 바꾸어 가며 횡행했다. 이런 단체들은 흑인 투표자들을 공연하게, 동시에 폭력적으로 위협했다.

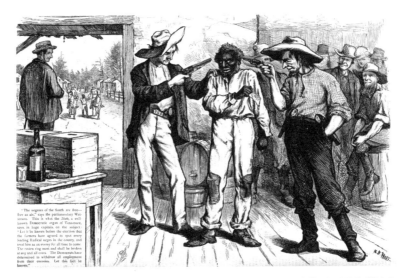

1876년 대통령 선거를 앞둔 시점에서 수많은 자유민 유권자들은 다시 한 번 남부의 백인 우월주의자들에게 노골적인 협박을 당해야 했다. - 『하퍼스 위클리』, 1876년 10월 21일; 빙엄턴 대학교 특별 소장품

　　쿠 클럭스 클랜 법에서 금지하고 있음에도 일부는 이를 무시하고 복면을 쓰기도 했다. 『하퍼스 위클리』의 삽화가 토머스 내스트는 다음과 같이 지적했다. "복면으로 얼굴을 감추고 무장한 채 민주당 공직 후보자들로부터 말과 돈을 제공받은 그들은 밤마다 말을 타고 시골을 질주하며 미증유의 대악을 저지르고 있다. 그들은 훔치고 살인하고 사람들을 겁박한다. 그렇지만 백인이든 흑인이든 누구도 감히 그들을 저지하지 못한다."

　　1876년에 이르자, 10년이 넘도록 지속된 남부 재건과 흑인들의 권익 보호라는 과업에 대해 미국 시민이 느끼는 피로감이 분명해졌다. 북부 백인들은 이제 '정상 상태'로 돌아가기를 원했다. 그들은 평화, 그리고 남부 백인과의 재결합을 원했다.

그해 봄, 연방 대법원 판사들은 내재된 약점을 지적하는 방식으로 수정헌법 제14조와 수정헌법 제15조에 타격을 가했다. 쿠 클럭스 클랜 재판이 끝난 지 4년 만에, 대법원은 수정헌법 제14조가 연방 정부로 하여금 백인 우월주의 단체에 대항할 수 있는 권한을 부여한 것은 아니며 시민의 평등한 권리를 보호할 의무는 "오로지 각 주의 영역에 속한다."라는 취지의 판결을 내렸던 것이다.

1876년 가을 대통령 선거는 당선자를 가리기 어려울 만큼 박빙의 표차를 기록했다. 민주당과 공화당 사이의 지루한 법정 공방 끝에 마침내 도출된 합의에 따라 1877년 1월에 공화당의 러더퍼드 B. 헤이스Rutherford B. Hayes가 대통령으로 결정되었다. 그 대신 대통령이 된 헤이스는 남부 문제에 간섭하지 않겠다고 약속했다. 그는 취임하자마자 남아 있던 연방 군대를 모두 철수시켰다. 재건 시대는 이렇게 막을 내렸다.

노예제도 폐지론자로 널리 알려진 프레더릭 더글러스Frederick Douglass*는 당시 많은 흑인 미국인들의 마음속에서 사라지지 않았던 걱정을 다음과 같이 정리했다. "백인과 또 다른 백인이 전쟁한 결과로 흑인들에게 평화와 자유가 찾아왔다면, 백인들 사이의 평화는 과연 흑인에게 어떤 결과를 가져올까?"

재건이 끝난 후 몇 년 만에 민주당은 때로 폭력적인 방법을 동

* 1818~1895. 남북전쟁 이전에 노예로 태어났으나 탈출하여 자유 흑인이 되었고, 연설과 저술 활동을 하며 노예제 폐지 운동가로서 전국적인 명성을 얻었다.

양키군과 반란군의 퇴역 병사들이 게티스버그 전투 50주년을 기념한 1913년 '피스 주빌리' 행사에서 화해의 표시로 악수를 하고 있다. 물론 노예해방선언(이 발표된) 50주년이기도 하다. 1913년 당시, 미국 대부분의 지역에서 백인 우월주의를 포용하고 짐 크로 법을 승인했다. 그 한 해 동안만 백인 폭도들의 불법 폭력으로 흑인 미국인 51명이 희생당했다. - 미국 의회 도서관

원해서 남부 전역에 대한 통제권을 되찾았다. 각 주들이 잇따라 소위 '짐 크로 법'*이라고 부르는 일련의 주법을 새로 제정했으니, 이는 흑인 미국인들로부터 정치적 권리와 민권을 박탈하는 법안들이었다. 짐 크로 법은 남부에서 흑인 미국인들의 삶을 백인으로부터 분리했고 불평등하게 대우했다.

세월이 흐르면서 많은 백인 미국인들이 남북전쟁 이전의 시절과

---

* 본래 짐 크로(Jim Crow)는 민스트럴 쇼의 주인공으로, 가난하고 어리석은 흑인을 희화한 인물형이다. 흑인을 경멸하는 표현으로 흔히 사용되었다. 후에 노예해방을 무효화하는 일련의 인종차별법과 인종 분리 정책을 '짐 크로 법'이라고 불렀다.

'투표소의 사신死神과 연방 개입으로부터의 자유'라는 제목이 붙은 이 삽화에서 삽화가 토머스 내스트는 남부에서 연방 군대를 철수시킨 후 초래된 결과를 보여 주고 있다. - 『하퍼스 위클리』, 1879년 10월 18일; 미국 의회 도서관

이 판화 그림은 남부의 생활과 인종 관계에 관한 이상화된 시각을 보여 준다. 백인 미국인들
이 이제 전쟁은 과거의 역사로 묻어 놓고 정상 상태로 회귀하기를 희망함에 따라, 1870년대
초반 이런 삽화가 흔해졌다. ─ 『하퍼스 위클리』, 1871년 12월 30일; 미국 의회 도서관

남북전쟁 자체에 대해 향수를 느끼고 감상적으로 과거를 바라보기 시작했다. 북부와 남부 양쪽에서 퇴역한 양키와 반란군이 함께 전몰 장병 추모 행사에 참여했다. 이런 '재결합'의 현장에서 퇴역 군인들은 옛 시절을 함께 추억하며 당시의 전투와 병사들의 삶을 미화했다. 대략 17만 9000명의 흑인이 육군으로, 1만 9000명이 해군으로 남북 전쟁에 참여했지만, 대부분은 이런 크고 작은 모임에 초대받지 못했고 심한 경우에는 나대지 말라는 경고를 듣기도 했다.

일부 백인 작가들과 화가들은 대농장에서의 삶과 노예제도를 낭만적으로 표현한 새로운 '역사'를 만들어 내는 방식으로 남부의 삶을 윤색하기 시작했다. 소설, 회고록, 논픽션 저작물과 기사, 대중잡지 등의 매체를 통해, 남부의 작가들은 연방 탈퇴와 전쟁을 합리화하고 남부가 패배한 원인을 변명하며 그 지도자들을 치켜세우고 북부를 비방했다. 남부의 작가들은 대중문화와 그들의 역사 분야에서도 남부 연합이 고귀한 명분을 추구했고 그 지도자들은 기사도 정신을 갖춘 신사인 데다 그 군대는 백전백승이라는 믿음 체계, 요컨대 '잃어버린 명분'이라고 알려진 문학 및 지적 운동을 창조했다.

심지어 일부 작가와 역사가들 중에는 쿠 클럭스 클랜에 관한 실로 강력한 신화를 조작해 내며 미화하는 사람들도 등장해, 그들이 저지른 폭력 행위를 역사 왜곡을 통해 정당화했다. 이런 작가들은 자신의 작품을 통해서 '흑인에 의한 지배'라는 허무맹랑한 주장과 공포, 자유민은 시민권을 향유할 준비가 안 되어 있으며, 일하기 싫어하고 자립을 꺼리는 게으른 습성과 법규를 준수하지 않는 폭력적인

성향을 가졌고 학습 능력이 부족하다는 헛된 주장을 계속해서 전파했다.

1905년, 백인 미국인들은 한 침례교 목사가 쓴 베스트셀러 낭만주의 소설을 읽고 열광했다. 토머스 딕슨은 그의 책 『클랜스맨』 *The Clansman*에서 클랜을 흰색 통옷 차림으로 십자가를 불태우며 남부에서의 '흑인 통치'와 인종 폭력으로부터 백인 문명을 구원한 고귀한 기사로 묘사했다. 딕슨은 클랜 단원들이 본래 제 손으로 법을 집행하고자 한 것은 아니었으나, 달리 방법이 없었고 꼭 필요해서 실천했을 뿐이라고 주장했다.

'올드 스코틀랜즈 힐스의 불타는 십자가'라는 제목이 붙은 이 그림은 토머스 딕슨이 1905년에 쓴 『클랜스맨』에 수록되어 있다. 재건 시대의 클랜 단원들이 십자가를 불태운 적은 한 번도 없지만, 딕슨은 이 소설에서 사실을 허구로, 허구를 사실로 만들면서 재건 시대와 초기 쿠 클럭스 클랜에 관한 날조된 신화를 창조했고, 이 신화는 오래도록 영향을 미쳤다.

1915년에는 영화 제작자인 D. W. 그리피스가 인종주의 성격이 분명한 딕슨의 소설을 각색해 장편 서사의 무성 영화 「국가의 탄생」을 세상에 내놓았다. 흑인 미국인들의 항의에도 이 영화는 대대적인 흥행 성적을 기록했다.

이 영화로부터 영향을 받은 남부의 백인 남자들이 조지아 주의

1925년, 워싱턴의 펜실베니아 거리를 행진하는 클랜 단원들. 미국 전역에서 500만 명가량의 남녀가 쿠 클럭스 클랜에 가입한 것으로 추산되고 있다. - 미국 의회 도서관

스톤 마운틴 정상에 올라 십자가를 불태우기도 했다. 훗날 하나의 상징이 된 이 최초의 불타는 십자가와 더불어 쿠 클럭스 클랜은 친기독교, 친미국 남성 조직으로 재탄생했다. 이번에는 그들이 반대하는 증오 명단에 가톨릭교도, 유대인, 이민자, 자유주의자, 복지 혜택 수혜자, 노동조합이 추가되었다. 1920년대에 단원 수가 급증하더니, 백인 우월주의와 보수적인 가족의 가치, 보수적인 종교에 헌신하기로 한 500만 명의 남자들이 클랜에 가입했다. 이렇게 클랜이 재탄생한 이후 수년 동안, 증오로 촉발된 불법 폭력 집단(그 대부분은 이미 알려진 클랜 단원들이었다.)은 제 손으로 법을 집행한다는 구실로 적게 잡아도 718명의 흑인 남자, 여자, 어린이 그리고 여덟 명의 백인을 살해했다.

    1954년 대법원이 미합중국 내 학교의 인종 분리 정책이 헌법에 반한다고 판결한 이후에는 백인 학교에 입학하려는 흑인 미국인들과 다른 공공 구역에서의 분리 정책에 도전하는 사람들을 대상으로 남부 전역에서 클랜의 폭력이 다시 한 번 극성을 부렸다. 유권자 등록을 하거나 자신의 한 표를 행사하려는 흑인 남녀에게 클랜이 가하는 잔인한 폭력 행위도 끊이질 않았다. 그들은 버스, 극장, 식당, 학교, 기타 공공시설에서 분리 정책에 맞서 피부색 구분선을 용감하게 뛰어넘은 남자와 여자, 어린이를 무차별 공격했다.*

당시 클랜이 저지른 잔혹한 폭력 행사 중 널리 알려진 사건으로, 1955년 백인 여성을 희롱했다는, 또는 그녀에게 무례했다는 이유로 죽임을 당한 14세 소년 에밋 틸Emmett Till 살해 사건, 1963년 미시시피 주 잭슨에서 당시까지도 분리 정책을 시행하던 학교에 항의하는 시위를 계획한 흑인 지도자 메드거 에버스Medgar Evers 암살 사건, 같은 해 네 명의 흑인 소녀가 사망한 16번가 침례교회 폭파 사건, 1964년 미시시피 주에서 유권자 등록을 도운 세 명의 민권 운동가를 고문하고 살해한 사건, 1965년 비올라 리우조Viola Liuzzo라는 백인 민권 운동가 살해 사건 등이 있다.

1960년대에 민권 운동은 '제2의 남북전쟁', '제2의 재건', '북부에 의한 제2의 침략 전쟁'으로 비쳤다. 그러나 쿠 클럭스 클랜으로 대표되는 백인 우월주의 단체들은 끝내 승리를 거두지 못했다. 최초로 쿠 클럭스 클랜이 조직된 지 거의 100년 가까이 지난 1964년에

* 필립 후즈가 쓴 『열다섯 살의 용기 – 클로뎃 콜빈, 정의 없는 세상에 맞서다』(2011, 돌베개) 참조.

2006년 집회 행사를 마무리하면서 쿠 클럭스 클랜의 기사들이 십자가에 불을 지르고 있다. 그들의 설명에 따르면 불타는 십자가는 어둠과 무지를 몰아내는 예수의 빛을 상징한다고 한다. - 저자가 직접 촬영

연방 정부는 고용과 대중 시설에서의 차별을 금지하는 민권법을 통과시켰다. 1965년에는 투표 권리법에 의거해 흑인들의 투표권이 회복, 보호되었다. 1968년에는 새로운 민권법에 따라 주택 매매 또는 임대 시 인종차별이 금지되었다.

이듬해에는 의회에서 연방 증오 범죄법이 가결되었고, 그에 따라 투표, 배심원 활동, 학교 입학, 공공장소의 이용과 취업을 연방법으로 보호하도록 규정하고, 인종, 피부색, 종교 또는 국적을 이유로 이런 활동에 참여하는 다른 사람의 권리를 고의적으로 침해, 겁박, 방해하는 행위를 연방 범죄로 규정했다. 그 후 이 법의 적용 범위는 계속 확대되어 오늘날에는 민족, 성별, 성(性)적 성향이나 장애 여부를 포함하고 편견이 동기가 된 협박과 희롱, 신체에 가하는 위해, 재산 범죄까지 포괄하게 되었다.

오늘날까지 쿠 클럭스 클랜과 여타 백인 우월주의 단체는 우익 보수의 가장자리에서, 별도의 정당으로서 또는 정당과는 전혀 관계없이 계속 명맥을 유지하고 있다. 앨라배마 주 몽고메리에 소재한 남부 빈곤 법률 센터*가 추산한 바에 따르면, 2009년 현재 미국에서 총 932개 증오 집단이 활동하고 있다고 한다. 이들 증오 집단의 활동 중 가장 널리 알려진 것으로는 살인, 폭력 행위, 겁박, 희롱, 약탈과 함께 전단지나 인터넷, 단파 라디오 방송을 통한 연설, 집회, 증오 정치 선전의 전파 등이 포함된다.

그 놀라운 수치에도 불구하고, 이들 증오 집단은 과거 쿠 클럭스 클랜이 행사했던 권력과 위세를 구가하지는 못하고 있다. 남부 빈곤 법률 센터는 이처럼 증오 집단의 위세가 과거에 미치지 못하는 원인으로 증오 집단과 그들의 범법 행위를 대하는 미국인들의 불관용, 그리고 미국 법률을 지탱하는 법 집행 기관들 덕분이라고 분석하고 있다. 현대 사학자들은 이에 더하여 사회·경제적인 문제에 대한 실질적인 답을 찾고자 분투하는 많은 지식인들, 그리고 미국인 전체의 교육·경제적 기회를 위해 노력하는 많은 운동가들 덕분이라고 여기고 있다.

역사는 이상을 실현하고자 분연히 일어서고 부정의에 맞서 싸웠던 사람들에게 일어난 끔찍한 사건들로 가득하다. 노예해방선언이 발표되고 남북전쟁이 발발하기 전인 1857년에 이미 프레더릭 더글

---

* 비영리 법률 자문 기구로, 주로 민권과 공익 재판 분야에서 활동한다.

러스는 개혁이 그렇게 쉽지만은 않을 것이라며 미국인들에게 경고했다. "투쟁하지 않는다면 진전은 없을 것입니다. 자유가 더 좋다고 말하면서도 시위의 가치를 얕보는 사람들은 땅을 갈지도 않고 곡식을 수확하고자 하는 농부와 같습니다. 비가 오길 바라면서도 천둥 번개는 원치 않고, 바다를 원하면서도 무섭게 밀어 닥치는 파도는 싫어하는 꼴입니다."

아마도 이런 개혁의 어려움을 가장 잘 이해하는 것은 자유민들일 것이다. 남북전쟁이 막을 내린 그날, 아버지와 함께 낚시를 하던 열네 살의 노예 미티 윌리엄스는 당시 아버지가 보여 준 환희, 대저택으로 돌아갈 때 자기 손을 꼭 잡고 이끌던 아버지의 손을 결코 잊을 수 없었다. 축포 소리가 요란하게 울리던 그날로부터 72년이 지난 1937년, 미티 윌리엄스 프리먼은 노예 시절과 자유민 여성으로서의 삶을 돌아보며 그날과 그날 이후의 시간을 추억했다. "자유를 얻기까지 너무나 오래 걸렸습니다."라고 그녀는 면담자에게 말했다.

민권사 연대표

1863년 • 1월. 링컨, '노예해방선언' 발표. 연방에서 탈퇴한 남부 여러 주에 거주하는 모든 노예를 해방한다는 내용.

1865년 • 1월. 셔먼 장군, '특별야전명령 제15호' 발포. 해방된 노예들을 위한 독자적 거주지로서 시아일랜즈 지역에서 40만 에이커 규모의 토지를 배정하여, 노예들에게 40에이커의 땅과 노새를 나누어 주고 소유권을 인정해 주겠다고 약속. 뒤에 존슨 대통령은 본 명령에 대해 거부권을 행사, 해방된 노예를 다시 이주시키고 토지는 본래의 소유주에게 되돌려 준다는 내용의 새로운 명령을 공포.
• 3월. 해방노예국 설립.
• 4월. 남북전쟁 종식. 링컨 암살당함.
• 5월. 앤드루 존슨, 신속하면서도 관대한 대통령 주도의 '재건' 개시.
• 6~8월. 존슨 대통령의 주도로 남부 여러 주의 주 정부가 재조직되고, 남부 연합 지도자들이 재집권.
• 9월. 백인이 장악한 남부의 주 정부들이 흑인의 일상생활을 제한하는 '흑인 단속법'을 제정하기 시작.
• 12월. 의회 개원. 남부 주 소속 의원들의 배석 거부.

---

* 주요 사건들의 경우, 익히 불리는 명칭을 내용 앞에 〔 〕로 넣어 주고 필요하면 ( ) 안에 옮긴이의 설명을 덧붙였다.

- 12월. 미국 전역에서 노예제도 폐지를 규정한 '수정헌법 제 13조' 비준.

1866년
- 3월. 존슨 대통령, 해방노예국 연장에 관한 법안과 민권 법안 거부.
- 4월. 의회, 존슨의 거부권 행사를 무효화하고 민권법 재가결.
- 5월. 멤피스 폭동. 백인 민간인과 경찰이 흑인 마흔여섯 명을 살해하고 그보다 많은 흑인을 다치게 했으며, 아흔 채의 가옥과 열두 개 학교, 네 개 교회에 방화함.
- 5월. 테네시 주 펄래스키에서 쿠 클럭스 클랜이 처음 결성됨.
- 6월. '수정헌법 제14조' 발의. 미국에서 태어나거나 미국으로 귀화한 사람은 누구나 미합중국 법률에 의거하여 시민이 되며, 이와 함께 평등한 보호를 받을 권리가 있다는 내용.
- 7월. 의회가 존슨 대통령이 거부권을 행사한 해방노예국의 책임 및 권한 확대에 관한 새로운 법안을 통과시킴.(시한 3년 연장함.)
- 7월 30일. 뉴올리언스에서 경찰이 흑인과 백인이 함께 참여하는 공화당 집회를 습격하여 마흔 명 이상이 사망하고 150명 이상이 부상당함.
- 11월. 공화당이 선거에서 승리하여 상하 양 의원에서 3분의 2 이상 의석 차지.
- 남부 주 대부분이 '수정헌법 제14조'의 비준을 거부.

1867년
- 3월. 존슨 대통령에 이어 의회가 '재건'의 주도권을 갖게 되고, 제1차 '재건법'을 통과시킴. 이에 따라 남부는 다섯 개 군정 지역으로 분할되고, 그 각각은 군 장성의 통솔하에 놓임. 본 법률에 의거하여 자유민은 각 주의 제헌의회를 시작으로 이후의 모든

선거에서 투표할 수 있는 권리를 보상받음. 남부의 각 주는 수정 헌법 제14조를 비준하고, 새롭게 제정되는 주 헌법을 다수결에 의거하여 채택한 후, 의회로부터 당해 헌법을 승인받아야 함.

- 4월. 존슨 대통령의 거부권에 맞서 제2차 '재건법' 통과.
- 4월. 쿠 클럭스 클랜, 내슈빌에서 비밀 집회 개최. 남부 재건에 관한 공화당의 계획과 흑인의 민권 및 참정권에 맞서 싸울 전략 구상.
- 7월. 존슨 대통령의 거부권에 맞서 제3차 '재건법' 통과.

1868년
- 2월. 하원, 존슨 대통령 탄핵 소추.
- 3월. 존슨 대통령의 거부권에 맞서 제4차 '재건법' 통과. 제2, 3, 4차 재건법은 각각 유권자 등록 위원회, 새로운 주 헌법의 채택, 남부 백인들의 '선의' 서약 실시 등에 관한 세부적인 사항을 규정.
- 5월. 상원, 한 표 차로 존슨 대통령의 탄핵 부결.
- 7월까지 '공화당 급진파의 계획'에 따라 사우스캐롤라이나 주, 플로리다 주, 앨라배마 주, 테네시 주, 루이지애나 주, 아칸소 주, 노스캐롤라이나 주 등 남부 일곱 개 주가 추가로 연방에 재가입.
- 7월. 수정헌법 제14조 비준.
- 9월. 네이선 포리스트, 쿠 클럭스 클랜 단원수가 55만 명이라고 주장했다가 닷새 만에 철회.
- 9월. '오필루서스 대학살'로 200~300명의 흑인 미국인이 사망한 것으로 추정. (루이지애나 주 오필루서스의 주민인 흑인 몇몇이 민주당에 가입하려 하자, 백인 우월주의 단체인 시모어 기사단 소속의 백인 민주당원들이 흑인들을 폭력적으로 내쫓은 사건이 있었다. 이 사건에 대해서 학교 교사이자 공화당파 신문의 편집자였던 에머슨 벤틀리가 폭력 행위를 전달하며 흑인들

에게 계속해서 공화당을 지지해 줄 것을 촉구하는 기사를 썼다. 이로 인해 벤틀리는 수업 중에 습격을 받았고, 이후 북쪽으로 달아났다. 하지만 오펄루서스에서는 사라진 그가 살해당했다고 알려졌고, 이에 보복을 위해 몇몇 흑인들이 무장을 하고 거리로 나섰다가 무장한 백인들과 충돌했다. 무기와 수에 있어서 백인이 압도적 우위에 있었고 수백 명의 흑인이 사망했다.)

- 11월. 옛 북군 장군인 율리시스 그랜트(공화당) 대통령 당선. 남부 전역의 주 정부, 지방 정부에서 흑인 정치 지도자 당선.
- 남부 일부 지역에서 반작 제도 처음 실시.
- 네이선 포리스트, 대통령 선거 후 쿠 클럭스 클랜 소굴의 해산을 명령.

1869년
- 2월. 의회, 수정헌법 제15조를 승인. 이에 따라 인종 또는 이전의 노예 신분을 불문하고 모든 남성 시민에게 투표권 보장.
- 7월. 해방노예국 법안 기한 만료, 해방노예국은 1872년까지 교육 프로그램 지속.

1870년
- 2월. 의회, '수정헌법 제15조' 비준.
- 3월. 의회, 수정헌법 제14조를 집행하기 위한 시행법 통과. 본 법안은 시민의 투표권 행사를 방해하는 사람에 대한 처벌 포함.
- 미합중국 인구총조사를 실시한 결과, 백인은 3981만 8449명, 흑인은 488만 9명(12%). 남부 백인 다수가 흑인들이 자기들 힘만으로 그렇게 번성할 수는 없다며, 본 조사가 "조작되었다."라고 주장.

1871년
- 4월. 의회에서 수정헌법 제14조의 집행을 보강하기 위해 두 번째 시행법과 쿠 클럭스 클랜 법 통과. 본 법은 타인의 민권, 정

치적 권리를 침해하는 행위를 연방법 위반으로 규정. 더불어, 선거 감시인에 관한 규정과 함께 쿠 클럭스 클랜에 의한 살인, 구타, 위협에 대처할 수 있도록 계엄령 발포와 인신 보호 영장 제도의 중지를 규정.

- 5~12월. 남부의 여러 주에서 쿠 클럭스 클랜에 대한 재판 실시.

1872년
- 5월. 그랜트 대통령, 남아 있는 대다수 반란자들을 용서하는 사면법 공포.
- 여름. 해방노예국, 교육 프로그램 중단.
- 11월. 그랜트, 재선에 성공. 기소된 쿠 클럭스 클랜 단원의 사면 개시.
- 1872년 기준으로, 선거를 통해 민주당이 네 개 주 정부 장악.

1873년
- 4월. 〔콜팩스 대학살〕 루이지애나 주 콜팩스에서 논란이 많았던 주지사 선거 후, 중무장한 백인들이 흑인들을 공격해 50명 이상의 흑인과 백인 세 명 사망.

1874년
- 민주당이 하원에서 다수 의석 차지.

1875년
- 그랜트 대통령이 지명한 몇몇 각료가 부패 혐의로 기소됨.
- 3월. 의회가 1875년 민권법을 통과시킴. 숙박 시설과 극장, 대중교통 등과 같은 공공시설의 이용, 그리고 배심원 선정에 있어서 동등한 권리 인정.
- 9월. 무장한 백인들이 미시시피 주 클린턴에서 흑인 목회자와 교사, 공화당 소속의 백인 공직자 30명을 살해.

1876년
- 연방 대법원, 수정헌법 제14조의 집행 조항을 무력화하고, 수

정헌법 제15조의 결함을 부각해 재건 시대에 제정된 수정헌법의 효력을 약화함.

- 여름. 사우스캐롤라이나 주에서 흑인을 대상으로 한 학살과 테러 행위 발생. 그랜트 대통령, 질서 회복을 위해 연방 군대 파병.
- 11월. 대통령 선거에서 새뮤얼 틸던Samuel Tilden 민주당 후보와 러더퍼드 B. 헤이스 공화당 후보가 경합, 근소한 표차로 당선자 결정에 난항.
- 1876년까지, 민주당이 추가로 네 개(총 여덟 개) 주 정부에서 재집권.

1877년
- 1월. 수차례 지루한 협상 끝에 남부의 민주당 지도부는 러더퍼드 B. 헤이스의 대통령직 당선에 동의. 대신에 헤이스는 남부에서 연방 군대의 철수를 명령.
- 남부에서 민주당이 집권하지 않은 사우스캐롤라이나, 루이지애나, 플로리다 주에서 '자치' 회복. 이 세 개 주는 '자치'에 의거하여 각자의 주 정부 구조를 결정할 수 있음.

1883년
- 대법원. 연방 정부가 기업 또는 개인에 의한 차별을 금지할 수 없다고 판결, 1875년 민권법 무효화.

1896년
- [플레시 대 퍼거슨 사건] 대법원이 '분리하되 평등하다'라는 인종 분리 정책을 승인. (호머 플레시Homer Plessy는 1862년 혼혈 노예로 태어나 남북전쟁 이후 해방되었다. 전쟁 직후부터 재건 시대를 지나는 짧은 기간 동안 흑인들은 원하는 상대와 결혼하고, 교통 시설을 자유롭게 이용하고 학교에 입학할 수 있었다. 그러나 헤이스 대통령의 취임과 함께 재건 시대가 막을 내리고 1877년 연방 군대가 철수하자, 주법에 의거한 새로운 차별과

251

제한이 생겼다. 당시 호머 플레시는 열차의 백인석에 앉으려다
가 대중 시설 내에서의 분리를 규정한 루이지애나 주 법률에
따라 체포되었다. 그는 위헌 판결을 기대하며 법정투쟁을 벌였
으나, 대법원이 주 법률의 합헌을 선언하고 미국 시민에 대한
법 아래 평등한 보호를 보장한 수정헌법 제14조의 조항에 위배
되지 않는다고 판결함으로써 남부 지역의 대중교통, 공립학교
교육, 공공시설 등에서의 인종 분리 정책을 정당화하는 근거가
되었다.)

1915년 · 조지아 주에서 쿠 클럭스 클랜 재등장.

1923년 · 쿠 클럭스 클랜의 활동으로 인해 오클라호마에 계엄령 선포.

1954년 · [브라운 판결] 미국 대법원이 '브라운 대 토피카 교육위원회'
사건을 통해 교내 인종 분리 정책이 위헌이라고 선언. (대법원
의 기존 입장을 뒤집은 중요한 판결로, 캔자스 주 토피카에 살
고 있던 린다 브라운Linda Brown이라는 흑인 소녀가 피부색을
이유로 근처 초등학교 입학을 거부당하자 린다 브라운의 가족
이 전미유색인종지위향상협회(NAACP)의 도움을 받아 토피카
교육위원회를 상대로 소송을 제기해 승소했다.)

1955년 · [몽고메리 버스 보이콧] 로자 파크스 여사가 앨라배마 주 몽고
메리 시 조례의 규정에 따라 버스 뒤편으로 이동하기를 거부.
보이콧으로 이어져 버스 분리 조례의 위헌이 선언됨.
· [에밋 틸 살해 사건] 미시시피 주에서 열네 살 소년 에밋 틸이
잔인하게 살해당함. 용의자인 백인 남성 J. W. 마일럼과 로이
브라이언트 방면. 훗날 두 남자는 틸을 죽였다고 시인. (인종차

별이 비교적 심하지 않았던 시카고 출신의 에밋 틸이 미시시피 주의 머니라는 작은 마을에 사는 친척 집을 방문했다가 심하게 구타당하고 손발이 훼손된 채 인근 강에서 시신으로 발견되었다. 식료품 가게에서 백인 여성을 희롱했다며 이 여성의 남편과 동생이 소년을 납치해 총으로 살해한 뒤 시신을 강에 유기한 것이다. 그러나 두 사람은 어떤 처벌도 받지 않고 풀려났다. 틸의 어머니는 아들의 시신이 담긴 관 뚜껑을 열어 둔 채로 공개 장례식을 고집했고, 훼손된 시신 사진이 여러 신문과 잡지에 보도됨으로써 인종주의와 그 야만성에 대한 큰 반향을 불러일으켰다.)

1957년 • [리틀록 9인 사건] (학교 내 분리 정책이 위헌이라는 대법원의 결정에도 불구하고) 아칸소 주지사 오벌 포버스가 아홉 명의 흑인 학생이 리틀록의 공립학교인 센트럴 고등학교에 등교하는 것을 막기 위해 주 방위군을 학교에 배치함. 이에 아이젠하워 대통령이 개입해 대법원의 명령에 따라 법률을 준수하게끔 연방 군대를 리틀록의 고등학교에 파견(하여 학생들의 등교를 보호하고 아칸소 주 방위군을 전원 연방군으로 편입시켰다).

1960년 • [그린즈버러 좌석 점거 시위] 노스캐롤라이나 주 그린즈버러에서 흑인 대학생 네 명이 흑인 손님에게는 음식을 제공하지 않는 백인 전용 간이식당에서 좌석 점거 농성을 벌임. (음식을 주문한 뒤 종업원이 접대를 하지 않더라도 식당이 문을 닫을 때까지 '앉아 있는' 방식으로 운동이 시작되었다. 처음에는 네 명의 흑인 학생으로 시작했으나 이튿날에 이미 약 스무 명, 이후에는 백인 학생들을 포함해 수백 명으로 참여자가 늘었고, 다른 도시로도 확산되었다.)

- 루비 브리지스, 여섯 살에 아프리카게 미국 아동 최초로 남부의 백인 전용 학교에 입학.

1961년
- 주 경계를 넘나드는 버스들이 정차하는 터미널의 식당과 화장실에서의 인종 분리가 위법하다는 대법원 판결을 시험하고자, 수도 워싱턴을 출발하여 당시까지 여전히 분리 정책을 시행하던 남부의 각 주로 향하는 '자유 승차 운동' 개시. (대법원의 판결에도 남부의 각 주들이 수년 동안 이 판결을 무시하고 연방 정부는 이런 상황을 시정하기 위해 아무런 조취를 취하지 않자, 흑인과 백인 시위대가 버스에 나눠 타고 남부로 향했다. 평화적인 도전이었으나, 백인들의 숱한 폭행과 방화의 대상이 되어 큰 위험을 감수해야 했다.)

1962년
- 케네디 대통령이 미시시피 대학교에 연방 군대를 파병해 폭동을 잠재우고, 이 대학 최초의 흑인 학생인 제임스 메러디스 James Meredith의 등교 보호. (연방 대법원이 1954년 브라운 사건을 통해 교내 인종 분리 정책이 위헌이라고 판결했지만, 1961년 당시까지 미시시피 주립대학교는 여전히 백인 학생들의 입학만을 허용했고 제임스 메러디스가 두 차례에 걸쳐 입학 신청을 했으나 거부당했다. 이에 메러디스는 1961년 미시시피 대학교가 단지 인종을 근거로 자신의 입학을 거부했다며 소송을 냈다. 여러 차례 심리 끝에 주립대학교에 입학할 권리가 있다는 판결을 받아 냈지만, 그의 입학을 인정하지 않은 주지사와 연방 정부 사이에 공방이 계속된다. 1962년 9월, 흑백 통합 교육에 반대한 백인 시위대가 대학교 캠퍼스에 결집했고, 대통령이 파견한 미시시피 주 방위군 및 연방 군대와 대치했다. 폭력적인 충돌로 인해 두 명이 사망했고, 백인 폭도는 차량을 불

태우고 돌과 벽돌로 맞섰지만 결국 군대에 의해 진압되었다. 다음 날 메러디스는 아프리카계 미국인 최초로 미시시피 대학교에 입학했다.)
- 대법원, 모든 대중교통 내 인종 분리 정책 위헌 판결.

1963년
- 흑인 민권 운동가인 메드거 에버스, 저격수의 총탄에 사망. 클랜 단원인 바이런 드 라 벡위스가 1994년에 메드거 에버스 살인죄로 기소됨.
- 마틴 루서 킹 주니어Martin Luther King Jr. 박사, 워싱턴 대행진 당시 수십만 명의 청중 앞에서 「나에게는 꿈이 있습니다」 연설.
- 〔16번가 침례교회 폭파 사건〕 앨라배마 주 버밍햄에 소재한 교회에서 폭탄 공격으로 흑인 소녀 네 명이 사망하고 스무 명 부상. 클랜 단원으로 알려진 로버트 챔블리스가 1977년에 1급 살인죄로 유죄 판결을 받고 종신형에 처해짐. 2001년과 2002년에는 토머스 블랜턴 주니어와 바비 프랭크 체리 등 두 명의 클랜 단원이 추가로 1급 살인죄에 대해 유죄 판결을 받고 역시 종신형에 처해짐.

1964년
- 75일간의 필리버스터 끝에, 인종에 근거한 차별이 불법이라고 규정한 민권법 통과.
- 〔미시시피 버닝 사건〕 (6월 21일 미시시피 자유 여름 운동의 일환으로 흑인의 유권자 등록을 돕기 위해) 미시시피 주를 찾은 민권 운동가 세 명이 속도위반 혐의로 체포되었다가 (밤 10시에 방면된 후) 실종. 6주 후 시신으로 발견. 2005년, 이들을 살해한 죄로 에드거 레이 킬런이 기소되어 징역 60년을 선고받음. 킬런은 운동가들을 살해하기 위해 클랜 단원들을 모은 인종 분리주의자.

1965년 • 3월. 〔셀마-몽고메리 행진〕 600명의 민권 운동가들이 투표권을 보장해 달라고 요구하며 앨라배마 주 셀마에서부터 몽고메리까지 행진. (수정헌법 제14, 15조에 따라 투표권이 보장되었지만 투표세나 문해력을 요구하는 주 법률 때문에 계속해서 투표권 행사가 제한되자, 3월 7일 앨라배마 주 셀마에 집결한 시위대가 총 세 차례에 걸쳐 주도 몽고메리까지 행진하며 안전하게 투표권을 행사할 수 있도록 보장해 달라고 요구하는 비폭력 평화 시위를 진행했다. 600여 명이 참여한 1차 행진에서 주 경찰의 폭력 진압으로 이른바 '피의 일요일'이라는 유혈 사태가 발생했다. 이틀 뒤 마틴 루서 킹 주니어 박사가 주도한 2차 행진에서는 보다 많은 시민이 참여했으나, 역시 무력 진압으로 몽고메리 진입에 실패했다. 3월 21일 3차 행진에 가서야 비로소 2만여 명의 시위대가 군대의 호위를 받으며 주 의사당에 입성했고, 존슨 대통령이 투표 권리법을 제안하는 계기가 되었다.)
   • 새로운 투표 권리법 통과.

1966년 • 에드워드 브룩Edward Brooke(공화당, 매사추세츠 주), 85년 만에 흑인 최초로 미국 상원 의원에 당선. (1913년 개정된 법률에 따라 상원의원이 직접선거를 통해 선출되기 이전에는 하이럼 로즈 레블스와 블랜치 브루스가 흑인으로서 미시시피 주 입법부에 의해 상원 의원에 임명된 바 있다. 브루스가 1881년까지 의원직에 있었기 때문에 브룩은 85년 만에, 직접선거를 통해서는 최초로 흑인 상원 의원이 되었다.)

1967년 • 뉴저지 주의 뉴어크와 미시간 주의 디트로이트에서 폭동 발생. (뉴어크에서는 흑인 택시 기사와 백인 경찰관 두 명의 싸움을 계기로 7월 12일부터 17일까지 폭동이 발생했다. 디트로이트에서는 '8마일 로드' 차단벽 설치로 인해 인종 갈등이 심화되던 와중에, 경찰이 80여 명의 흑인 고객을 차별적으로 무단 체포한 데 대한 항의 시위가 벌어지면서 7월 23일부터 28일까지 대규모 폭동이 일어났다. 이로 인해 70명이 사망하고 1400명이 부상을 입었으며, 7000여 명이 체포되었다.)

- 서굿 마셜Thurgood Marshall, 아프리카계 미국인 최초로 연방 대법원 대법관에 임명.
- 칼 스토크스Carl Stokes(오하이오 주 클리블랜드)와 리처드 G. 해처Richard G. Hatcher(인디애나 주 게리)가 미국 주요 도시 최초의 흑인 시장으로 당선.

1968년
- 테네시 주 멤피스에서 마틴 루서 킹 주니어 암살당함. 뒤에 제임스 얼 레이James Earl Ray가 살인 혐의로 기소되어 징역 99년형을 선고받음.

1969년
- 연방 증오 범죄법 의회 통과. 연방법으로 보호받는 행위를 하려는 타인을 피부색, 인종, 종교, 또는 국적에 근거하여 고의로 상해, 겁박, 또는 방해하는 행위가 연방법 위반임을 규정. 1994년, 시행령의 형태로 본법의 적용 범위를 확장한 결과, 인종과 성별에 근거한 행위도 포함됨. 2009년에 다시 한 번 확장되어, 성적 성향, 성 정체성, 또는 장애에 근거한 행위를 포함하며 '연방법으로 보호받는 행위를 하려는'이라는 전제 조항을 삭제함.

1973년
- 메이너드 잭슨Maynard Jackson(애틀랜타 주), 남부 주요 도시 최초의 흑인 시장으로 당선.

1975년 • 투표 권리법 확대.

1979년 • [그린즈버러 학살] 노스캐롤라이나 주 그린즈버러에서 무차별 총격으로 반KKK 시위자 다섯 명 사망. 클랜 단원 열두 명이 살인죄로 기소됨.

1983년 • '마틴 루서 킹 데이'(1월 세 번째 월요일) 연방 휴일로 제정.
1988년 • 레이건 대통령의 거부권 행사에도 민권 회복법Civil Rights Restoration Act 의회 통과.

1989년 • 콜린 파월Colin Powell 육군 장군이 아프리카계 미국인 최초로 합동참모본부 의장에 임명.
      • L. 더글러스 와일더Douglas Wilder(버지니아 주), 아프리카계 미국인 최초로 주지사에 당선.

1990년 • 조지 H. W. 부시George H. W. Bush 대통령, 새로운 민권 법안에 대해 거부권 행사. 1991년에 약화된 법안이 통과됨.

1996년 • 대법원, 선거구 획정에 있어 인종을 고려하는 것은 위헌이라고 판결.

2008년 • 버락 오바마Barack Obama, 흑백 혼혈 미국인 최초로 미합중국 대통령에 당선.

버락 오바마 대통령 _피트 수자가 촬영한 백악관 공식 사진

참고 문헌

작업에 도움이 되는 많은 정보를 여행에서 얻을 수 있기 때문에, 나는 책으로 쓰고 있는 내용과 관련된 장소를 즐겨 방문한다. 이 책을 쓰면서 방문했던 곳 중 하나는 테네시 주의 펄래스키였다.

남편과 함께 펄래스키로 가기 위해 31A 고속도로를 타고 가면서, 창문 너머로 굽이굽이 펼쳐지는 농촌 풍경을 응시하며 마치 날개처럼 부푼 흰색 통옷을 입고 달빛 아래에서 폭풍처럼 들이닥치는 '밤의 기마단'을 상상해 보았다. 투표권을 행사하거나 다른 방식으로 자신에게 주어진 자유를 누려 보려 했던 자유민들이 사는 작고 어두운 오두막을 향해 기마단이 말을 내달릴 때 울렸을 말발굽 소리를 상상해 보았다. 채찍질 소리는 1.5킬로미터 넘는 곳에서도 들린다고 한다. 어디선가 고통으로 울부짖는 소리가 들려오면 달려가 보는 게 지극히 자연스럽고 인간적인 행동이지만, 너무나 두려워 차마 도움을 줄 수 없었을 이웃 사람들을 상상해 보았다.

계속해서 차를 운전해 펄래스키 시내로 진입한 후 그림같이 아름다운 시 광장으로부터 조금 떨어진 곳에서, 140년 전 남군이 항복을 선언한 지 한 달이 지났을 무렵 여섯 명의 퇴역 장교가 밤마다 모여 하릴없이 시간을 보냈던 하얀색 벽돌 건물을 보았고, 길 맞은편에 주차했다. 존 레스터가 "여보게들, 우리 모임을 만들어 보세."라고 말했던 바로 그 건물이다.

그로부터 약 50년 뒤인 1916년에 '남부 연합의 딸들'이라는 단체가 쿠 클럭스 클랜의 탄생과 여섯 명의 설립자를 기리며 청동 명판을 제작해 달았고, 이후 70년 동안 그대로 걸려 있었다. 1990년대 초에 건물 소유주가 바뀌면서, 새 주인은 청동 명판을 뒤집어 놓았고, 이제 오가는 사람들은 풍화되어 반들

이 도로를 타고 그림 같은 전원 풍경을 따라가면 테네시 주 펄래스키에 이른다. _저자가 직접 촬영

반들하고 푸르스름한 뒷면만 볼 수 있다.

사진을 남기고 싶어 카메라를 꺼내 드는데, 연세 지긋한 아주머니 한 분이 급히 다가와 말을 걸었다.

"저 거꾸로 뒤집힌 명판에 대한 이야기를 글로 쓰려는 거지요?"

"흥미로운 이야기잖아요. 그렇죠?"

"여기 우리는 그 이야기라면 아주 신물이 난다우."

냉담하게 말을 끝낸 아주머니는 가던 대로 길을 건너갔다.

이것이 펄래스키이다. 펄래스키는 과거를 기억하고 있다. 사실 이 예스럽고 친절한 이 남부 도시는 과거 미국 역사에서 담당했던 역할을 자랑스럽게 여기고 있다. 하지만 주민들은 여러 해 전부터 클랜에 대해서는 부정하고 있다. 다른 여러 주에서 클랜 단원들이 계속해서 펄래스키를 찾아오거나 '백인 유산 축제'를 개최하고 있지만, 백인 마을의 대표 격이라고 할 수 있는 펄래스키는 클랜과 절연하기로 선택했고 뒤집힌 채 걸린 명판이 이러한 거부를 상징한다.

1866년에 여섯 명의 펄래스키 남자들이 머물곤 했던 법률 사무소의 현재 모습. 사진에 보이는 뒤집힌 명판이 여섯 명을 기리기 위해 제작된 청동 명판이다. _저자가 직접 촬영

　그날 펄래스키의 이곳저곳을 거닐면서, 나는 청동 명판과 더불어 펄래스키에 오기까지 또 그동안 남부의 다른 주들을 여행하며 만났던 네이선 베드포드 포리스트와 남군 소속 전쟁 영웅들을 기리는 수많은 기념물들을 되새기며 상념에 잠겼다. 그리고 이 책을 쓰는 계기가 되었던, 몇 해 전에 떠올린 한 가지 질문을 재차 물을 수밖에 없었다. '그렇다면 클랜의 폭력으로 희생된 수천 명의 희생자들은? 그들을 기리는 기념비는 어디에 있지?'

　이 단순한 의문이 남부 빈곤 법률 센터에 문의 전화를 걸도록 나를 이끌었다. 앨라배마 주 몽고메리에 소재한 이 기관은 관용을 강조하는 교육 프로그램, 백인 우월주의에 대항한 법적 승리, 증오 집단에 대한 추적으로 세계에서 명성이 높다.

　나는 명판이든 표식이든 동상이든 뭐든 간에 '재건' 시대 동안 클랜의 폭력에 희생당한 사람들의 삶을 기리는 기념물이 어디에 있는지 물었다.

　그런 것은 없다는 대답이 돌아왔다.

네이션 베드포드 포리스트에게 헌정한 이 거대한 동상은 테네시 주 내슈빌 외곽의 사유지에 세워졌다. _저자가 직접 촬영

　여기에 출처를 남기는 이유는 이 주제에 흥미를 느낀 독자가 보다 상세한 역사 기록물을 살펴볼 수 있도록 돕고, 이 책을 쓰기 위해 조사하고 참고했던 다양한 기록에 관한 유용한 정보를 제공하기 위해서다.

　재건을 둘러싼 해묵은 오해를 설득력 있게 반박하는 최신 연구이자 매우 철저한 자료로는 에릭 포너Eric Foner의 『재건 – 끝나지 않은 미국의 혁명, 1863~1877년』Reconstruction: America's Unfinished Revolution, 1863-1877(뉴욕, 하퍼 앤드 로, 1988)과 같은 작가의 『영원한 자유 – 노예해방과 재건에 관한 이야기』Forever Free: The Story of Emancipation and Reconstruction(뉴욕, 빈티지 북스, 2006)를 많이 참고했다. 이 두 권의 책은 '재건' 시대 흑인들의 경험에 관한 새로운 관점과 정보를 제공했고, 더불어 '해방노예국'과 그 직원들, '카펫 배거', 공화당원, 교사, 선교사 등이 담당했던 역할에 대해서도 다시 살펴볼 수 있었다. 특히 『영원한 자유』에서 동시대 삽화들과 그것이 당대 독서계에 미친 영향에 대한 이해를 돕는 조슈아 브라운Joshua Brown의 시각적 에세이와 논평이 특히 도움이 되었다. 제임스 M. 맥퍼슨James M. McPherson의 『불에 의한 시런-남북전쟁과 재건』Ordeal by Fire: The Civil War and Reconstruction(뉴욕, 맥그로 힐, 2000) 역시 매우 유익한 자료였으며, 특히 경제 및 정치 문제에 관한 조사는 큰 도움이 되었다.

리언 리트웍Leon Litwack의 『폭풍우 속에서 그토록 오랫동안-노예제도 이후』Been in the Storm So Long: The Aftermath of Slavery(뉴욕, 빈티지 북스, 1979)는 재건 시대의 노예해방, 그리고 교육 및 종교 분야에서 흑인과 백인이 남부의 역사를 형성해 나간 과정을 상세히 살필 수 있으며, W. E. B. 두보이스의 『1860~1880년 미국의 검은 재건』Black Reconstruction in America, 1860-1880(뉴욕, 아테니움, 1975, 1935)은 노동과 경제 분야에서 아프리카계 미국인들이 담당했던 역할에 관한 중요한 논점을 제공한다. 제인 터너 센서Jane Turner Censer의 『1865~1895년 남부 백인 여성성의 재구축』The Reconstruction of White Southern Womanhood, 1865-1895(배턴루지: 루이지애나 주립대학교 출판부, 2003)은 '남부 숙녀들'southern bells이 대중문화를 통해 주조되고 클랜에 의해 악용되었던 틀에 박힌 '무력한' 이미지에 대항해 주체적이고 독립적인 정체성을 형성했다고 주장함으로써 엘리트 계층에 속한 남부 백인 여성들에 관한 새로운 시각을 제공했다.

이 밖에도 중요한 학술 저작물로는 데이비드 W. 블라이트David W. Blight의 『인종과 재결합』Race and Reunion(매사추세츠 주 케임브리지: 하버드 대학교 출판부, 2002)과 『전장을 너머서-인종, 기억 그리고 남북전쟁』Beyond the Battlefield: Race, Memory and the American War(애머스트: 매사추세츠 대학교, 2002) 등이 있다. '문화적 기억' 분야에서 가장 대표적인 학자 중 하나로 손꼽히는 블라이트는 남북전쟁과 재건에 대한 인식을 형성하고 이를 토대로 지금까지 명맥을 이어 가는 '잃어버린 명분'이라는 신화적 관념을 낳았던 남부 백인들의 정치 선전 전략에 대해서 다루었다. '잃어버린 명분'은 심지어 오늘날까지도, 특히 인종주의적 하위문화에서 발견되고는 한다. 블라이트는 또한 기억이라는 명목으로 행해진 무지막지한 폭력에 대해서도 우리를 일깨운다.

글래디스 마리 프라이Gladys-Marie Fry가 저술한 고전 『흑인 민속사 속 밤의 기마단』Night Riders in Black Folk History(녹스빌: 테네시 대학교 출판부, 1975) 역시 꼭 읽어야 할 중요 자료이다. 이 책은 민속 문화와 구전 역사에서 '밤의 기마단'을 추적해, 남북전쟁 이전에 활동한 자경단과 전쟁 이후 공포와 두려움을 조장하며 흑인들의 심리를 조종했던 클랜의 전략을 탐구하는 흥미진진한 연구이다.

쿠 클럭스 클랜의 역사를 다룬 저작물은 크게 두 가지로 구분할 수 있다. 하나는 훈련받은 역사학자들이 저술하여 충분한 논거를 갖춘 책들, 그리고 다른 하나는 그 밖의 사람들이 쓴, 대체로 근거가 없거나 근거나 있더라도 부족한 책들이다. 진지한 역사학자의 저작으로는 데이비드 M. 찰머스 David M. Chalmers의 『두건을 쓴 미국주의: 쿠 클럭스 클랜의 역사』Hooded Americanism: The History of the Ku Klux Klan(노스캐롤라이나 주 더럼: 듀크 대학교 출판부, 1987), 앨런 W. 트렐리즈Allen W. Trelease의 『백색 공포─쿠 클럭스 클랜의 음모와 남부 재건』White Terror: The Ku Klux Klan Conspiracy and Southern Reconstruction(배턴루지: 루이지애나 주립대학교 출판부, 1971), 윈 크레이그 웨이드 Wyn Craig Wade의 『불타는 십자가─미국의 쿠 클럭스 클랜』The Fiery Cross: The Ku Klux Klan in America(뉴욕: 사이먼 앤드 슈스터, 1987) 등을 추천한다.

허버트 샤피로Herbert Shapiro가 쓴 『백색 폭력과 흑인의 대응─재건 시대부터 몽고메리까지』White Violence and Black Response: From Reconstruction to Montgomery(애머스트: 매사추세츠 대학교 출판부, 1988) 역시 중요한 자료이다. 샤피로는 인종주의를 표방하는 사회란 폭력 행사 없이 유지될 수 없다고 주장한다. 그는 아프리카계 미국인들이 진정한 평등을 향해 나아가는 과정에서 백인 우월주의자들이 보인 폭력적인 반응을 추적했다. 콴도 M. 킨샤사Kwando M. Kinshasa의 『남북전쟁 이후 쿠 클럭스 클랜에 대한 흑인의 저항』Black Resistance to the Ku Klux Klan in the Wake of the Civil War(노스캐롤라이나 주 제퍼슨: 맥팔랜드 앤드 컴퍼니, 2006) 역시 큰 도움이 되었다.

통찰력 있는 또 다른 저작물로는 J. 마이클 마르티네즈Michael Martinez

의 『카펫 배거, 기병, 그리고 쿠 클럭스 클랜: 재건 시대의 보이지 않는 제국을 드러내며』*Carpetbaggers, Cavalry, and the Ku Klux Klan: Exposing the Invisible Empire During Reconstruction*(메릴랜드 주 랭햄: 로먼 앤드 리틀필드 출판사, 2007) 및 낸시 매클린Nacy MacLean의 『복면 기사의 이면 – 제2기 쿠 클럭스 클랜의 조직』*Behind the Mask of Chivalry: The Making of the Second Ku Klux Klan*(뉴욕: 옥스퍼드 대학교 출판부, 1994) 등이 있다. 낸시 매클린의 책은 클랜의 제2기에 초점을 맞추고 있지만, 저자의 깊은 학식 덕분에 1920년대 미국과 독일에서 극단주의 단체가 어떻게 성장했으며 그 결과는 어떻게 달라졌는지를 이해하는 데 큰 도움을 주었다.

보다 이전에 출간되어 그 내용이 전반적으로 검증된 다른 책으로는 윌리엄 퍼스 랜델William Peirce Randel의 『쿠 클럭스 클랜 – 악행의 한 세기』*The Ku Klux Klan: A century of Infamy*(필라델피아: 칠튼 컴퍼니, 1965)를 들 수 있다. 2005년 『미국 역사 저널』*Journal of American History*(제92권 제3호, 811~835쪽)에 실린 일레인 프란츠 파슨Elaine Franz Parson의 논문 「야간 자경단 – 재건 시대 쿠 클럭스 클랜의 의복과 행태」는 잔혹한 공격을 감행하면서 클랜 단원들이 보여 주었던 섬뜩한 연출법을 엿볼 수 있어 흥미로웠다.

또한 쿠 클럭스 클랜 옹호자들이 기록한, 클랜과 재건을 바라보는 백인 우월주의자들의 관점도 참고했다. 윈필드 존스Winfield Jones 대령의 『쿠 클럭스 클랜 이야기』*Story of the Ku Klux Klan*(워싱턴 D. C.: 아메리칸 뉴스페이퍼 신디케이트, 1921)와 스탠리 혼Stanley Horn의 『보이지 않는 제국 – 1866~1871년, 쿠 클럭스 클랜 이야기』*Invisible Empire: Story of the Ku Klux Klan, 1866-1871*(코네티컷 주 코스콥: 존 E. 에드워즈, 1969)가 여기에 해당한다. 비록 비뚤어진 관점에서 서술된 책들이기는 하지만, 쿠 클럭스 클랜과 재건 시대에 그들이 담당한 역할에 관해 잘못 이해하도록 오랫동안 조장해 온 책들이기 때문에 읽어 둘 만하다.

클랜의 형성과 관련된 1차 사료는 기껏해야 단편적일 뿐이고, 그 대부분은 『쿠 클럭스 클랜, 그 기원과 성장 및 해산』*Ku Klux Klan, It's Origin, Growth,* *and Disbandment*이라는 자료에 의지했다. 1884년에 구 클럭스 클랜의 창립 단원인 존 레스터와 공저자 D. L. 윌슨Wilson이 출간한 이 책은 역사 서적이라고 하기에는 상세한 설명이 부족하고 혹여 그런 설명이 있더라도 많은 내용이 부정확하다.

데이비드 블라이트와 같은 학자들은 역사를 신화로 바꾸어 놓는 기억의 힘에 대해서 알려 주는데, 경험상 신화를 역사로 바꾸는 힘까지 여기에 더해야 할 것 같다. 해석이란, 우리가 어떤 렌즈를 끼고 역사를 바라보느냐에 따라 달라질 수 있다. 레스터가 남긴 이야기는 다수의 남부 백인들이 과거를 바라보는 관점을 스스로 구축해 회고록이나 역사서로 남기던 시대에 쓰였다는 사실을 주목해야 한다. 이들이 남긴 저작물을 살펴보면, 남부의 분리를 옹호하며 남부 연합 병사들을 미화하고 재건 시대 클랜이 저지른 폭력 행위를 합리화하고 있다. 이런 작품들이야말로 '잃어버린 명분'이라는 전통을 형성하고 전파하는 데 도움이 되었다. 이 책을 쓰면서 참고했던 '잃어버린 명분'에 관한 또 다른 저작물로는 빅토리아 V. 클레이턴Victoria V. Clayton의 『구체제하에서의 흑과 백』*White and Black Under the Old Regime*(위스콘신 주 밀워키: 영 처치먼, 1899)과 머르타 록하트 에버리Myrta Lockert Avary가 쓴 『전후의 남부』*Dixie After the War*(뉴욕: 더블데이, 1906)가 가장 대표적이다.

전후 남부에 관한 다른 시각을 알고 싶다면 바이블로바자 출판사에서 재출판한 칼 슈르츠Carl Schurz의 『남부 상황에 관한 보고서』*Report on the Condition of the South*(1865)와 1989년 루이지애나 대학교 출판부가 재출판한 앨비언 위니거 투르제Albion Winegar Tourgée의 『보이지 않는 제국』*The Invisible Empire*(1880)을 읽어 보기를 권한다.

네이선 베드포드 포리스트는 오늘날까지 수수께끼 같은 인물로 남아 있다. 그에 관해 보다 상세히 알고 싶다면 폴 애시다운Paul Ashdown과 에드워드 코딜Edward Caudille이 함께 쓴 『네이선 베드포드 포리스트의 신화』*The Myth of Nathan Bedford Forest*(메릴랜드 주 랭햄: 로먼 앤드 리틀필드 출판사, 2005)와 브라이언 스틸 윌Brian Steel Will의 『전쟁의 처음』*A Battle from the Start*(뉴욕: 하퍼 콜린스, 1992)을 권한다.

인종과 편견, 폭력에 대한 깊은 인식을 생략한 채 완성할 수 있는 쿠 클 럭스 클랜 연구는 없다. 이 문제에 관해서는 조지 M. 프레드릭슨George M. Frederickson의 『인종주의 − 짧은 역사』*Racism: A Short History*(뉴저지 주 프린스 턴, 프린스턴 대학교 출판부, 2002)와 조엘 윌리엄슨Joel Williamson의 『질서를 향 한 분노 − 노예해방 후 미국 남부에서의 흑백 관계』*A Rage for Order: Black-White Relations in the American South Since Emancipation*(뉴욕: 옥스퍼드 대학교 출 판부, 1986년), 엘리자베스 영 브륄Elisabeth Young-Breuhl의 『편견의 해부』*The Anatomy of Prejudices*(매사추세츠 주 캠브리지: 하버드 대학교 출판부, 1996), 그레이 스 엘리자베스 헤일Grace Elizabeth Hale의 『백인성 만들기 − 1890~1940년 남 부의 분리 문화』*Making Whiteness: The Culture of Segregation in the South, 1890-1940*(뉴욕, 빈티지 북스, 1998)와 마크 애런슨Marc Aronson의 『인종 − 흑과 백을 넘어서는 역사』*Race: A History Beyond Black and White*(뉴욕, 사이먼 앤드 슈스터, 2007)에 의지한 바 크다.

편견과 인간의 행동을 이해할 수 있는 귀중한 자료로는 마고 스턴 스트 롬Margot Stern Strom의 『역사 및 우리 자신과 마주 보기 − 홀로코스트와 인간 의 행태』*Facing History and Ourselves: Holcaust and Human Behavior*(매사추세 츠 주 브루클린: 역사 및 우리 자신과 마주 보기 재단, 1994)가 있다. 또 다른 관점에 서 서술한 책으로는, 인종주의에 집착하는 미국은 진보 가능성을 보지 못하 고 있다고 지적한 디네시 드수자Dinesh D'Souza의 『인종주의의 종말』*The End of Racism*(뉴욕: 프리 프레스, 사이먼 앤드 슈스터, 1995)과 마셜 L. 드로사Marshall L. DeRosa의 『미국 민주주의를 다시 생각하다 − 남부 연합 헌법으로부터 얻은 교 훈』*Redeeming American Democray: Lesson from the Confederate Constitution*(루이 지애나 주 그레트나: 펠리컨 퍼블리싱 컴퍼니, 2007)을 들 수 있다.

폭력에 관한 뜬소문이 내포하는 파괴적인 의미를 여러 사회학자와 심리 학자가 오랜 시간 연구해 왔다. 이 주제에 관한 훌륭한 자료로는 퍼트리샤 A. 터너Patricia A. Turner의 『나는 그 소식을 풍문으로 들었네 − 아프리카계 미국인

문화에서의 소문』*I Heard It Through the Grapevine: Rumor in African American Culture*(버클리: 캘리포니아 대학교 출판부, 1993), 『소문의 근원 – 소문과 전설이 미치는 사회적 영향』*Rumor Mills: The Social Impact of Rumor and Legend*(게리 파인 외 다수 편집: 뉴저지 주 뉴브런즈윅, 앨다인 트랜잭션, 2005), 그리고 고든 W. 올포트Gordon W. Allport와 레오 포스트먼Leo Postman이 쓴 『소문의 심리학』*The Psychology of Rumor*(뉴욕: 헨리 홀트 앤드 컴퍼니, 1947)이 대표적이다. 특히 『소문의 심리학』은 이 주제에 관한 하나의 기준으로 여겨지며, 인간 행위에 관한 훌륭한 직관을 제공한다.

오늘날에는 인터넷이 새로운 '포도 덩굴 전보' 역할을 담당하고 있다. 헛소문을 믿지 않고 사실과 허구를 분명하게 구분하려는 독자에겐 www. factcheck.org나 www. snopes.com과 같이 사실 여부를 확인해 주는 웹사이트를 권장한다. 이런 헛소문에 대한 판단 능력을 키우려는 독자라면, 낸시 M. 카벤더Nancy M. Cavendar와 하워드 케인Howard Kahane이 함께 저술한 『논리와 현대적 수사 – 일상생활에서의 이성 활용』*Logic and Contemporary Rhetoric: The Use of Reason in Everyday Life*(캘리포니아 주 벨몬트, 워즈워스 퍼블리싱, 2009)을 읽어 보기를 권한다.

여러 '자료주의 역사 연구'는 재인쇄된 1차 문헌을 엮은 훌륭하고 다양한 컬렉션을 제공한다. 허버트 앱세커Herbert Aptheker가 여러 권으로 엮은 『미국 흑인들의 자료주의 역사』*Documentary History of the Negro People of the United Sates*(뉴저지 주 시코커스: 시타델 프레스, 1973)와 월터 플레밍Walter Fleming의 『재건 시대의 자료주의 역사 – 1865년부터 현재까지 정치·군사·사회·종교·교육·산업』*Documentary History of Reconstruction: Political, Military, Social, Religious, Educational and Industrial, 1865 to the Present Time*(뉴욕, 피터 스미스, 1950)이 대표적인 책이다. 다만 플레밍이 20세기 초의 역사학자로서 노예제도에는 반대했지만 자유민들이 시민의 권리를 행사할 준비가 안 되어 있다고 주장했던 학자라는 점은 주의해야 한다. 아울러 남북전쟁에서 승리한 북부인들이 남부 백인들의 권리를 짓밟았고, 남부인들이 상당한 고난을 겪은 뒤에 마침내 공화당 정부를 전복하고자 힘을 합쳐, 결국 '자치'를 복원했다고 주장한다. 이런 해석을 하는 부류를 윌리엄 아치볼드 더닝William Archibald Dunning의 이름을 따서 '더닝 학파'라고 부르는데, 1960년대 역사학 교과서계를 장악한 바 있다. 오늘날의 역사학자들은 인종주의적인 더닝 학파의 관점을 더 이상 받아들이지 않는다.

아울러 1860년과 1870년에 진행된 인구총조사 기록과 19세기에 발행된 신문, 간행물도 큰 도움이 되었다. 『하퍼스 위클리』, 『프랭크 레슬리스 일러스트레이티드 뉴스페이퍼』, 『펄래스키 시티즌』(테네시 주), 『신시내티 커머셜』, 『뉴욕타임스』, 『아메리칸 미셔너리』, 『컬럼비아 데일리 피닉스』(사우스캐롤라이나 주), 『요크빌 인콰이어러』(사우스캐롤라이나 주), 『터스컬루사 인디펜던트 모니터』(앨라배마 주), 『애틀랜틱 먼슬리』 등이 대표적이다.

재건 시대 쿠 클럭스 클랜에 관한 사진 자료는 많지 않다. 때문에 『하퍼스 위클리』와 『프랭크 레슬리스 일러스트레이티드 뉴스페이퍼』처럼 동시대에 그려진 삽화가 실린 신문들이 특히 중요하다. 이 화보 신문의 형성 및 인종 문제에 대한 대중의 시각을 반영하는 과정에 관해서는 조슈아 브라운의 『선을 넘어서 - 도금 시대 미국의 삽화 기사, 일상생활 및 위기』*Beyond the Lines: Pictorial Reporting, Everyday Life, and the Crisis of Gilded Age America*(버클리, 캘리포니아 대학교 출판부, 2002), 그리고 앞서 언급한 바 있는 그의 시각적 에세이가 이해를 도왔다.

이 책에서 소개된 개인의 이야기에 관해서는, 1871년부터 1872년까지 쿠 클럭스 클랜 재판을 통해서 확보되고 『마지막 반란 주의 실태 조사를 위해 양원 합동 특별 위원회에서 취득한 증언』*Testimony Taken by the Joint Select Committee to Inquire into the Condition of Affairs in the Late Insurrectionary States*, 일명 'KKK단 보고서'로 편집된 열세 권 분량의 8027쪽짜리 증언을 꼼꼼히 살펴보았다. 이 증언록은 1872년 워싱턴에 소재한 정부 인쇄국에서 출간했다. 아울러 테네시 주에서 진행해 1868년에 편찬된 67쪽 분량의 폭력 행위 보고서도 참고했다. 이 보고서의 정식 명칭은 『중부 및 서부 테네시 주에서 쿠 클럭스 클랜이 저지른 폭력 행위와 관련하여 군사 위원회에서 취득한 증거에 관한 보고서』*Report of Evidence Taken Before the Military Committee in Relation to Outrages Committed by the Ku Klux Klan in Middle and West Tennessee*이다.

1937년 정부가 파견한 직원들이 수집했던 2300쪽 분량의 '노예 진술' 역시 마찬가지로 귀중한 자료이다. 이 진술은 미국 의회도서관 홈페이지 www.loc.gov의 '미국의 기억' 소장 자료 항목에서 디지털 자료로도 쉽게 확인할 수 있다. 일부 역사학자들은 이 진술의 신뢰도에 대해서 의문을 제기하기도 하지만, 나는 '노예 진술'과 'KKK단 보고서'의 증언을 대조하는 과정이 매우 흥미로웠다. 노예제도와 기억에 관한 심도 깊은 연구는 앞서 언급한 데이비드 W. 블라이트, 글래디스 마리 프라이, 퍼트리샤 터너 등의 저술을 참고하길 권한다.

앨라배마 주 KKK단 보고서에 소개된 '윌리엄 루크 살해 사건'에 관해 더 상세하게 알고 싶다면, 진 L. 하워드Gene L. Howard의 『크로스 플레인스에서의 죽음 – 재건 시대 앨라배마에서 일어난 비극』*Death at Cross Plains: An Alabama Reconstruction Tragedy*(터스컬루사: 앨라배마 대학교 출판부, 1984)과 피터 메일러Peter Meyler의 「이상한 열매* – 윌리엄 루크의 순교」(『비버』*Beaver*, 2005년 2월·3월, 제85권, 제1호, 22~25쪽)를 참조하기 바란다.

존 페이비언 드위트John Fabian DeWitt의 『애국자와 세계인 – 미국 법률의 숨겨진 역사』*Patriots and Cosmopolitans: Hidden Histories of American Law*에서는 미국 내에서 흑인의 민권을 추구했지만 결국에는 미국을 떠나 라이베리아행을 결정했던 사우스캐롤라이나 주의 자유민, 일라이어스 힐의 삶을 보다 상세하게 살펴볼 수 있다.

---

* 본래 루이스 앨런(Lewis Allan)의 시에 나오는 표현. 교사이자 시인이었던 앨런은 나무에 목이 매달린 두 흑인의 시신과 그 앞에 모여들어 구경하는 백인들을 찍은 사진을 보고 '남부의 나무에는 이상한 열매가 열리네/ 피 묻은 잎사귀 피 묻은 뿌리/ 남부의 산들바람에 검은 몸이 흔들리네'라는 구절로 시작하는 시를 지었다. 이 시에 곡을 붙여 노래로 만들었는데, 후에 전설적인 흑인 재즈 가수 빌리 홀리데이(Billie Holiday)가 불러 널리 알려졌다.

이 책을 쓰기 위해 필요한 자료를 조사하는 과정에서 나는 아칸소 주의 오자크 산 속 깊은 곳에서 열린 클랜 총회(그들은 더 이상 자신들의 모임을 단순히 집회라고 부르지 않는다.)에 참석한 적이 있다. 나는 오늘날의 클랜이 재건 시대의 클랜과 어떻게 다른지 알고 싶었다.

무릎 위에 약도를 펼쳐 놓은 채 개울을 건너기 위해 강둑 사이에 걸쳐 놓은 콘크리트 판 위를 렌터카로 지나가고 있었다. 케리—에드워즈** 선거운동 포스터가 붙은(선거가 끝난 지 이미 2년이 흘렀지만) 트레일러를 스쳐, 염소 수백 마리가 지키고 있는 다 허물어져 가는 폐가를 지나 철로를 따라서 더러운 도로 위를 달리고 있었다.

대문에 커다란 미국 국기가 휘날리고 있는 곳에서 나는 '십자가 성경 캠프의 병사'로 변신했다. 가파르고 먼 길을 계속해서 달리는 동안, 차는 매연을 뿜으며 힘겨워했다. 언덕 꼭대기에 이르러 길을 따라 계속 가자, 색상이나 디자인이 흡사 나치의 문장을 연상하게 하는 붉은색, 흰색, 검은색 깃발들이 줄지어 늘어선 공터로 이어졌고, 나는 숨을 죽이기 시작했다.

미국 국기와 남부 연합 국기를 안테나에 꽂은 트럭과 미니밴 사이에 차를 세우고, 여러 사람들이 가족 단위로 모여 서성거리고 있는 언덕배기 마을 회관으로 향했다. 이즈음에서 필자 혼자서 이곳까지 찾아갔는지 궁금한 독자들이 있을 것이다. 그렇다. 혼자 갔다. 하지만 나를 많이 걱정하던 남편이 저녁에 합류했다.

클랜과 함께 보낸 주말, '불과 유황'에 관한 연설로 점철된 주말은 이렇게 시작되었다. 인종 통합과 유대인으로 인해 초래되는 각종 위험에 대한 경고, 미국은 본래 백인을 위한 땅이라는 주장, 공립학교와 세금을 비판하는 주장, 이렇게 열정적인 '제단에서의 외침'***을 마친 이들은 한 사람씩 혹은 가족 단위

** 2004년 대통령 선거 당시 민주당 측 대통령과 부통령 후보였던 존 케리와 존 에드워즈. 당시 공화당 후보는 조지 W. 부시와 딕 체니였다.
*** 기독교 제단 앞에서 행하는 공개적인 영적 다짐.

남부 빈곤 법률 센터가 추산하는 바에 따르면, 미국 어디에선가 매주 십자가가 불태워지고 있다. 십자가 태우기는 미국의 수정헌법 제1조가 보호하는 언론의 자유를 상징한다고 주장하는 사람들도 있다. 그러나 법률에 따라 법원이 십자가 태우기를 일종의 협박으로 간주할 수 있다. _저자가 직접 촬영

로 오른팔을 위로 뻗어 올리는 나치식 경례 동작을 선보인 다음, 자신의 인종, 자신의 하나님, 자신의 나라를 위해 스스로를 헌신하겠다고 다짐하며 "백인의 힘!"이라고 외쳤다. 생경했던 주말의 경험은, 밤하늘을 배경으로 흰색 통옷을 입은 남성들과 최소한 두 명 이상의 여성들에 둘러싸인 채 불타오르는 7.6미터짜리 십자가와 함께 마무리되었다.

이미 클랜의 역사와 그 신조에 관해 사전 조사를 마친 상태였지만, 책과 관련 자료를 읽었다고 해서 바로 눈앞에서 연설하는 사람들, 장년 남성들이나 청소년들이 커다란 십자가를 마대로 감싸고, 그보다 어린 아이들은 어린이용 클랜 복장을 차려 입은 채, 마지막 순서로 십자가를 불태우기만 기다리는 그런 장면과 직접 마주할 준비가 된 것은 아니었다. 또한 여기 모인 이 사람들의 평범한 모습을 마주할 마음의 준비도 되어 있지 않았다. 만약 이 사람들을 다른 시간 다른 곳에서 만났다면, 그들이 믿는 바와 그들이 추구하는 정치를 알지 못했다면, 아마도 이들과 요리나 자녀에 관한 소소한 수다를 주고받았을 것이다. 게다가 수백 명이 참석할 것이라고 쓰여 있던 등록 안내서 묶음이나

다른 정보를 통해서 짐작했던 바와 달리 비교적 소수(100명 미만)만이 참석한 소규모 행사라는 점에 대해서도 마음의 준비가 안 되어 있었다.

그 주말에 들었던 수많은 연설 중에서도 특히 한 가지 주장이 마음속에서 떠나질 않았다. "우리는 고등학교 학생들 사이에 수천 개의 씨앗을 뿌리고 있습니다."라고 켄터키 주에서 찾아온 한 여성 단원이 말했다. "우리에게는 클랜 의상이 필요하지 않습니다…… 미국의 침묵하는 다수가 우리에게 동조하고 있습니다."

나의 반응은 본능적이었다. 그날 밤, 아무리 오래 샤워를 해도 이 말들을 씻어 내 버릴 수 없었다. 침묵에 대해서 생각해 보았고, 인종주의자나 증오심이 담긴 말이나 농담을 들었을 때 소리 내서 반박하지 못했던 것이나 괴롭힘이나 판에 박힌 주장, 희생양 삼기 등과 같은 부정의에 맞서지 않았던 것이나 어떤 형태이든 여러 가지 측면에서 침묵이 동의를 내포할 수 있다는 데 생각이 미쳤다. 또한 두려움에 대해, 두려움이 어떻게 확산되는지, 얼마나 흔히 두려움에 의해 조종되어 그릇된 행동을 일삼는지에 대해서도 생각해 보았다.

공포를 이용하는 것, 폭력과 두려움을 신체적·심리적 무기로 이용하는 것은 인류의 역사만큼이나 오래되었다. 침묵도 마찬가지이다. 나는 이 책을 통해 클랜에 희생당한 사람들의 삶을 보여 주고자 했다. 앤 울리히 에번스나 해너 텃슨, 헨리 립스컴, 일라이어스 힐, 윌리엄 루크 같은 사람들의 삶이 클랜의 손아귀에서 그들이 겪어야 했던 모욕과 폭력보다 훨씬 더 위대했다는 사실을 보여 주고 싶었다. 이 책이 희생자들의 용기와 그들 각자가 미국 역사에서 담당했던 중요한 역할을 기리는 기념비가 되기를 바라마지 않는다.

감사의 말

관용과 정의에 관해 보다 상세한 정보를 원한다면 우선 인터넷을 이용하는 것이 좋을 것 같다. 앨라배마 주 몽고메리에 소재한 남부 빈곤 법률 센터의 홈페이지에는 각종 자료가 수록되어 있고 '관용을 가르치기'Teaching Tolerance라는 인터넷 소식지(교육자는 무료 구독 가능)를 발행하고 있어 유용하다. 이 소식지를 통해 부모, 교사, 십대, 청년 누구나 학교에서 증오 문제와 관련해 심한 편견과 맞닥뜨렸을 때 대응하는 방법에서부터 각종 주제에 관해 유용한 정보를 얻을 수 있다. '역사 및 우리 자신과 마주보기' 단체는 역사를 오늘날 세계가 당면한 현안과 연계하고자 하는 교육자들에게 도움이 된다. 독서 능력 향상을 위해 노력하는 단체이기 때문에 교육용 참고자료나 개발 프로그램도 제공한다.

가장 먼저 감사해야 할 사람은 역사 교사로서 이 책을 쓰는 동안 내게 흔들림 없는 지지와 용기를 주고, 미국사와 정치사에 관한 전문적인 지식을 공유해 준 남편 조일 것이다. 아울러 마감을 맞추기 위해 애쓰는 동안 필자를 잘 보살펴 준 딸 브랜디와 사위 릭, 관심과 대화를 통해서 다양한 방법으로 작업에 도움이 준 아들 조에게도 감사한다. 수차례의 대화와 지지를 통해 이 책을 쓰는 데 큰 도움을 준 친구 진 매클로와 데일 매클로, 구하기 힘든 도서관 자료를 찾아 주며 아낌없이 지원해 준 뱀비 로브델과 리비 터커에게도 감사의 말을 전한다.

이 책을 믿어 준 편집자 앤 라이더와 출판사에 마음의 빚을 크게 지고 있다. 초고 형태에서 각 장과 그 일부를 읽어 준 동료 작가이자 친구 수잰 피셔 스테이플스, 게일 카슨 레빈, 리사 로 프라스티노, 클라라 길로 클라크, 로라

274

리 렌과 일레인 리샌드렐리에게도 감사한다.

내가 실수하지 않도록 도와주는 지인들에게도 특별한 감사를 전한다. 이들 중에는 남편 조, 스크랜턴 대학교(펜실베이니아 주) 미국사 교수로서 재건 시대의 역사와 도시 연구, 인종 및 민족 연구에 중점을 두고 있는 로렌스 케네디 박사, 그리고 갈랜드 독립 교육구(텍사스 주 갈랜드)의 중학교에 근무하는 훌륭한 사서 재니스 볼랜드, 6학년 교사 베키 브라운, 은퇴한 8학년 영어 교사 에스더 스미스에게 감사한다. 그럼에도 이 책에서 어떤 오류가 발견된다면 그것은 전적으로 필자의 탓이다.

그림과 문서, 기타 중요 자료를 확보할 수 있도록 도움을 준 다음의 기관과 사람들에게 감사한다. 조슈아 브라운(뉴욕 시립대학교 미국 사회사 프로젝트), 사우스캐롤라이나 역사학회, 뉴욕 역사학회, 에머리 대학교 산하 베크 센터의 남북전쟁 관련 웹사이트, 자일스 카운티 관광국(테네시 주) 소속 관광 코디네이터 팀 터너, 자일스 카운티 역사학회(테네시 주) 조지 뉴먼, 로버트 피킷(미시시피 주 빅스버그), 남부 빈곤 법률 센터(앨라배마 주 몽고메리)의 마크 푸틱, 미국 의회 도서관의 판화 및 사진부에서 근무하는 유능한 참고 사서, 국가 기록 보관소의 참고 사서, 스크랜턴 공립도서관의 록산느 로니 등이다.

2009년 6월
수전 캠벨 바톨레티

차별에 찬성하는 이들이
차별을 용인하는 사회와 만났을 때

오찬호(사회학자)

정말 충격이다. 쿠 클럭스 클랜Ku Klux Klan, 즉 KKK라는 이름에 아무런 의미가 없다고는 상상도 못했다. 이 집단이 저지른 흉측스러운 짓을 볼 때, 당연히 뭔가 섬뜩한 단어들을 조합해 지은 이름일 줄 알았다. Kill(죽이거나), Knife(칼로 찌르거나), Kick(발로 차거나), Kindle(불 지르거나) 등의 K가 하나쯤은 섞여 있을 것이라 생각했다. 아니면 흑인을 몰살하고 백인들의 왕국Kingdom을 만들려 했던 망상이 단체의 이름에 배어 있던가. 하지만 KKK는 너무나도 건조한, 아니, 바보 같은 뜻이다. '모임'을 뜻하는 그리스어 쿠클로스Kuklos가 좀 비밀스럽게 보이도록 '쿠! 클럭스!'로 살짝 바꾸고, 여기에 마찬가지로 '모임'이라는 뜻의 클랜Klan을 덧붙인 것이다. 그러니까 결국 KKK는 '모~임! 모임!'에 불과하다. 아, 실망(?)이다.(하기야 '일베'도 행적을 보면 이름에 '아메바' 같은 뜻이 있을 것 같지만, 알고 보면 '일간 베스트'의 지극히도 건조한 줄임말에 불과하지 않던가.)

KKK는 외계에서 오지 않았다

애초에 KKK는 그저 그런 모임에 불과했다. 미국 남북전쟁 이후 남군의 퇴직 군인 여섯이 모여 잡담이나 하다가 그중 한 명이 "여보게들, 우리 모임이나 단체 같은 것을 만들어 보세."라는 말을 던진 게 시작이었다. 친목 집단에 불과했던 KKK의 이후 행보를 모르는 사람은 없다. 이들은 인류 역사상 '나치'에 버금가는 악행으로 정평이 난, 장난으로라도 긍정할 수 없는 집단이 되었다. 방에서 저질 농담이나 하던 이들이 자신을 세상의 질서라고 생각하면서 범법 행위를 일삼는 상상 초월의 괴물이 되었다는 점에서 KKK는 '오늘날에도' 여전히 사회적 함의를 지닌다.

태생적으로 극악무도한 폭력 유전자를 지닌 듯한 KKK는 어느 날 갑자기 외계에서 떨어진 게 아니다. 이들은 '어떤' 사람들이 '어떤' 사회와 결합한 자연스러운 결과물이다. '어떤'을 설명하자면, '차별에 찬성하는' 사람들이 '차별을 용인하는' 사회와 만난 꼴이다. 그때 차별은 하나의 질서가 된다. 남북전쟁이 끝나고, 전후사정을 파악하기 위해 남쪽으로 온 북군 퇴역 장군은 KKK가 슬슬 번성해 가던 미국 남부의 공기를 이렇게 묘사한다. "지성은 약하고 편견과 충동은 강한 사람들로서, 군중을 호도하는 방법을 잘 알고 있는 사람을 만나면 쉽게 휩쓸리고 이용당하는 경향이 있다." 이는 '군중을 호도하는 사람'들이 없었다면 KKK는 그저 보수 꼰대들의 모임으로 그쳤을 것이라는 뜻도 된다. 하지만 당시 사회는 잘못된 편견과 폭력이 하나의 질서로 자리 잡지 않도록 관리, 감시하는 역할을 하지 않았다. 언론과 사법 체계가 대표적이다. 언론이 제 기능을 한다면 그만큼 호도될 사람은 줄어든다. 법이 공정하게 집행되어 호도된 사람들이 행하는 잘못에 죗값을 엄중히 묻는다면 폭력은 지속되지 않는다. 하지만 남부 사회는 그렇게 하지 않았다. 언론은 흑인이 백인을 상대로 폭력과 방화를 일삼을 것이라며 선동했고 법은 피해를 고발하고 억울함을 호소하는 흑인들에게 오히려 무고죄를 씌우기에 바빴다. 덕분에 'KKK'는 도무지 원래 뜻으로 설명할 수 없는 행보를 거리낌 없이 이어 갈 수 있었다.

용인된 차별은 생명력이 강하다

폭력을 방치한 사회는 그 대가를 혹독하게 치를 수밖에 없다. 사람들은 자신의 생각이 사회적으로도 인정되면 이를 도덕, 윤리, 규범 등 성스러운 반열에 거침없이 올려놓는다. 그리고 모름지기 인간이라면 자신처럼 생각하는 것이 옳다는 착각 속에 (위험천만한) '언행일치'의 삶을 추구한다. 사회가 폭력을 제대로 단죄하지 못하니 사람들은 이를 문화라는 이름으로 둔갑시킨다. 1871년 이후, 정부 주도하에 KKK 소탕이 이루어지지만 법 집행은 미진하고 미디어(소설, 영화)가 폭력을 미화하고 정당화하니 KKK는 완전히 소멸되지 않고 오히려 번성한다. 1920년대에 회원 수 500만 명 규모로 다시 커진 KKK는 이후 수년 동안 적어도 718명의 흑인을 살해한다.

그렇다면 '끔찍한 범죄'가 줄어드는 계기가 된 1964년의 민권법 통과 후에는 흑인들이 미국 사회에서 자유롭게 살았을까? 두 세기가 지나는 동안에도 여전히 흑인들이 차별당하는 일은 비일비재하다. 흑인 청년이 뉴욕의 유명 백화점에서 (사람에 따라서는 그라 비싼 가격이라고 할 수 없는) 우리 돈으로 140만원 정도 하는 시계를 사려다가 보안요원에게 끌려가 수갑을 차고(배우 로버트 브라운 사건, 2013년) 흑인 대학생이 37만 원짜리 벨트를 구입하려다 절도범으로 체포되어 "이런 큰돈이 어디서 났느냐?"는 취조를 받는다(뉴욕 시립대 학생 트라이언 사건, 2013년). 흑인 교수가 자기 집에 들어가려는데 이웃이 도둑인 줄 알고 신고한(하버드대 게이츠 교수 체포 사건, 2009년) 일도 있다. 미국에서 흑인 남성이 경찰에 사살될 가능성은 백인 남성의 스무 배가 넘는다는 통계도 있다. 십대 흑인 용의자가 무방비 상태에서 경찰에게 수차례 총격을 당하고(마이클 브라운 사건, 2014년), 성인 흑인 용의자는 경찰의 제압 과정에서 '목이 졸려' 죽는다(에릭 가너 사건, 2014년). 물론 백인 경찰은 기소조차 되지 않거나 재판에 가더라도 정당방위를 인정받는다. 법으로 차별을 금지해도 실제 일상의 차별은 여전하다. 사람들의 뇌리에 '박힌' 정서는 좀처럼 희석되지 않고 이토록 생명력이 질기다.

지난 40년간(1975~2014) 흑인의 실업률이 백인의 경우보다 항상 2.5배가량 높은 것은 이런 차별의 결과와 무관하지 않다. 특정 인종이 '하위 계층'에 집중적으로 몰려 있으면 이들에 대한 '부정적인' 고정관념이 형성된다. 사회가 흑인들을 문제아로 낙인 찍어 버리니 당사자들은 삶에 대한 의욕을 잃을 수밖에 없다. 날 때부터 피부색이 black인 이가 '감시 대상/요주의자 명단'을

blacklist라고 표현하는 곳에서 어깨를 활짝 펴고 당당하게 살아가기란 어렵다. 열심히 산다 한들 삶이 더 나아질 거라는 희망이 없으니 실제 성과도 좋을 수 없다. 이러한 과정의 불공정성을 생략한 채 드러난 결과만을 보는 사람들은 기존의 고정관념을 더욱 굳혀 악순환은 빨라진다.

2005년 허리케인 '카트리나'가 미국의 뉴올리언스 지역을 강타했을 당시 언론의 인종차별적 보도 행태는 이런 문제를 단적으로 보여 준다. 도시의 기능이 마비된 상태에서 발생하는 모든 '나쁜 짓'의 주범은 흑인들로 묘사된다. 흑인들이 손에 무언가 들고 물길을 헤쳐 나가고 있으면, 사실 확인도 없이 '식료품점을 약탈'looting a grocery store했다고 할 정도였다(AP통신). 하지만 백인이 그렇게 하면 '상점에서 빵과 음료를 발견해서'finding bread and soda from a local grocery store 물을 건너는 중이라고 보도한다(AFP통신). 똑같이 행동해도 인종에 따라 누구는 '약탈'이 되고 누구는 '발견'이 되는 셈이다. 이렇게 인종차별이 만연한 곳에서 흑인은 평범한 백인만큼 살아가기도 쉽지 않다. 그래서 흑인들은 하소연한다. "래퍼와 농구 선수를 빼면 흑인 중에는 부자가 없어!"
(영화 「프리덤 라이터스」 중에서)

우리 안의 KKK

문화는 계승되고 전파된다. 한때의 '이상한 문화'가 지독히도 오랫동안, 그리고 지구 반대편까지 영향을 끼칠 수 있다. 미국과 한국의 거리는 1만 킬로미터쯤 되지만 두 나라 사람들의 생각 차이는 크지 않다. 과거 미군정 시절부터 한국은 미국식 사고방식을 이식받은 것은 물론이고 미국의 문화적 공습도 언제나 환영했다. 백인 중심의 미국적 질서에 익숙한 한국 사람들의 인종차별은 KKK의 본거지에 사는 사람들보다 더하다. 외국인 강사 채용 공고에 '백인'만 가능하다는 뜻으로 'white person only', 'white people wanted', 'Caucasian only' 등의 자격 조건을 공공연하게 포함시키는 건 미국에서도 상상하기 어려운 노골적인 차별이다. '아이들이 흑인 교사를 무서워한다'면서 학원 관계자에게 압박을 가하는 사람은 KKK 단원들이 아니라 한국의 학부모다.

'흑인이라서' 영어 강사를 하기에 부적격하다고 말하는 사회가 어떻게 상식적이라고 할 수 있겠는가.

인종차별을 스스럼없이 하는 사회에서 같은 맥락에 놓인 이주 노동자와 다문화 가정에 대한 차별은 일상이다. 그뿐인가. 여성, 성적 소수자, 장애인, 비정규직 노동자, 임대 아파트 주민들에 대한 차별까지, 각계각층에서 분리와 혐오가 끝도 없이 이루어진다. 이러한 차별을 문제 삼고 지적하면 'KKK처럼' 그럴 이유가 있다면서 온갖 기상천외한 핑계들을 늘어놓는다. 차별을 일삼는 가해자들은 'KKK처럼' (상대적 약자인) 다른 이가 보편적 권리를 획득해 나가면 자신의 기본권이 침해된다고 착각한다. 이들은 'KKK처럼' 약자들이 권리를 획득한 후 사회질서를 파괴할 거라는 근거 없는 두려움을 가진다. 그래서 일상에서 온갖 차별을 일삼으면서 이를 'KKK처럼' 공정한 사회질서의 수호 행위로 합리화한다. 앞으로 더 큰 문제가 일어날지 아닐지는 '사회' 하기 나름인데, 한국이 이를 걱정하지 않을 수준인지를 생각해 보면 좀처럼 절망감이 떨쳐지지 않는다.

하지만 지금보다 나은 사회를 만드는 건 시민의 의무다. 그래서 '하얀 폭력'에 대한 '검은 저항'의 발자취는 시사점이 크다. 시민의 지위조차도 없던 흑인들은 '사람다움을 잃어버린' KKK의 폭력 앞에 '사람다움을 지키고자' 버티고 버텼다. 비아냥거림 속에서도 학교를 다녔고 죽을 수도 있는 위험을 무릅쓰고 선거에 참여했다. 비록 당장은 계란으로 바위 치기일지언정 후손들이 살아갈 세상은 지금보다 나아야 한다는 희망으로, 이들은 끊임없이 꿈틀거렸다. 이 때문에 '그나마 나아진' 현재가 가능했다. 걸음의 속도에 얽매이지 않고 방향이 옳다면 단 한 발짝이라도 절망에서 멀어지려는 몸부림, 그것은 사람만이 할 수 있는 일이자 사회가 변화하는 시작점이다.

자유를 향한 길고 고된 여정

김충선(번역자)

아프리카 흑인들이 처음 미국에 등장한 것은 1619년이었다고 한다. 애초에는 백인 이주자들처럼 뱃삯을 대신해 일정 기간 노동한 뒤에 자유의 몸이 되는 '계약 하인' 신분이었다. 하지만 이내 노동력을 효율적으로 수급할 수 있다는 경제 논리에 따라 노예제도가 체계화되면서 아프리카로부터 아메리카 대륙으로 이어지는 노예무역 시대가 시작되었고, 이후 수백만 명의 흑인이 납치되어 노예로 팔려 왔다. 대서양을 횡단하는 노예선 안의 상황은 참혹하기 이를 데 없었다. 노예들은 쇠사슬로 연결된 채 옴짝달싹할 수 없는 상태로 배설물과 시신이 썩는 악취를 견디며 몇 달 만에 겨우 아메리카 대륙에 도착했다.

3분의 1이 죽음을 맞이하는 끔찍한 바다에서 살아남아 겨우 육지에 당도했지만, 땅 위에서의 삶도 이에 못지않게 비참했다. 가축처럼 경매대 위에 세워져 노예로 팔리면 허가증 없이는 농장을 나갈 수 없었고, 해가 지면 바깥출입을 할 수 없었으며, 교회에서가 아니면 다른 노예들과 모여 어울릴 수도 없었다. 글을 배우는 것이 법으로 금지되었고, 법정에서 백인에게 불리한 증언을 할 수 없었으며, 노예 소유주가 노예의 팔다리를 절단하거나 죽이는 것은 범죄가 아니었지만 노예가 백인을 살해하거나 반항하면 사형에 처해졌다. 재산으로 취급되어 주인이 원하면 언제든지 다른 사람에게 팔 수 있어서 어린아이를 부모로부터 떼어 놓고 부부를 갈라놓았다. 시간이 흘러 산업 구조와 경제 상황이 바뀌자 노예제도의 경제적 이해득실이 재평가되었고, 노예제도를 불법으로 간주하는 선진국이 등장하면서 미국 안팎에서 노예제도에 대한 비판이 이어졌다. 그렇게 1808년 노예 매매가 금지되고, 마침내 아프리카 흑인이 처음 미국 땅을 밟은 지 약 250년 만인 1865년 링컨 대통령이 노예해방을 선언했다. 우리는 흔히 노예해방선언과 함께 미국에서 흑인 차별 문제가 사라졌다고 생각한다. 과연 그럴까?

『하얀 폭력 검은 저항』은 재건 시대라고 알려진, 흑인 노예를 제도로부터 해방시킨 남북전쟁 이후 12년 사이에 처음 등장해 세력을 확장하며 '보이지 않은 제국'을 세우고자 했던 KKK단, 그리고 그들의 폭력 행사에 무방비로 노출되었음에도 굴하지 않고 자신의 삶을 일구고, 글을 깨우치고, 신앙을 지키며 투표권을 행사했던 평범한 흑인 자유민과 그들을 도왔던 사람들에 관한 이야기이다. 당시 미국 연방 정부는 분리되었던 남부 각 주를 차례로 연방에 편입시키고 전후 제정된 세 가지 수정헌법의 비준과 시행을 감독하는 중요한 과업을 수행해야 했다. 하지만 한목소리를 내지 못하고 분열하며 오락가락하는 정책을 폈던 대통령과 의회, 피부색에 상관없이 백인이고 흑인이고 모두 배를 곯아야 할 만큼 궁핍했던 패전 후 남부의 경제 상황, 새로 얻은 자유에 들뜬 흑인들을 보며 부와 권력, 과거의 영광을 잃어버린 데 대한 모든 분노를 그들에게 분출하고자 했던 남부 백인 사회…… 펄래스키의 여섯 남자가 장난처럼 시작한 친목 모임은 이렇게 들끓는 냄비와도 같던 남부에서 강력하고 파괴적인 폭력 집단으로 확대되었다. 이 책은 약자 차별과 증오를 용인하는 사회에서 KKK가 괴물로 성장하는 과정과 그 희생자들의 이야기를 많은 사진과 삽화 자료, 희생자들의 체험담을 통해 생생하게 전달한다.

수전 캠벨 바톨레티는 남부의 여러 주를 여행하면서 네이선 베드포드 포리스트와 남군 전쟁 영웅을 기리는 수많은 기념물을 보다가 '수많은 KKK 희생자들을 기리는 기념비는 어디에 있지?'라는 의문이 들었던 것을 계기로 이 책을 썼다. 2300건의 노예 진술과 8000쪽이 넘는 의회 증언, 당대의 신문과

일지, 서한 등에 대한 방대한 연구 조사를 토대로 역사적 맥락과 클랜에 희생당한 사람들의 삶을 씨실과 날실처럼 엮여 보여 준다. 땅을 포기하지 않아 클랜에게 잔인하게 폭행당해야 했던 텃슨 부부, 유권자 등록을 하고 투표를 결심했다는 이유로 폭력을 당했던 헨리 립스컴, 하나님의 말씀과 보편적인 사랑을 설교했다는 이유로 채찍질당했던 장애인 설교사 일라이어스 힐, 흑인 학생을 가르치다 흑인 여성과 어울렸다는 허튼 소문 때문에 여섯 아이와 아내를 남겨두고 살해당한 윌리엄 루크와 같은 사람들은 클랜의 폭력과 공고한 차별의 벽을 넘어 앞을 향해 묵묵히 한 걸음씩 나아갔다.

1871년 통과된 쿠 클럭스 클랜 법과 함께 재건 시대의 KKK가 해체되고 눈에 보이는 폭력 행위가 잦아들었다고 하지만, '보이지 않은 제국'은 체계가 분명한 하나의 결사 조직체가 아니라 우후죽순처럼 생겨난 반동적 점조직과 같아서 회원 명부도 없고, 문서화된 지휘 체계도 없었다. 그래서 안타깝게도 그 실체를 파악하는 것도, 한 번에 뿌리 뽑는 것도 어려웠다. 게다가 전쟁과 분열에 신물이 났지만 흑인들이 겪은 고통에는 반쯤 눈을 감았던 당시 미국 사회는 복면으로 신분을 숨기고 범법 행위를 일삼는 이 폭력 단체를 적극적으로 처벌할 의지가 없었다. 그렇게 KKK단은 흐지부지 사라진 듯했지만, 흑인 자유민들을 기다리던 것은 주 입법부, 경찰이나 보안관, 치안판사 등 법 집행기관 속으로 스며든 지독한 인종주의와 그들이 고안한 '분리하되 평등'한 고약한 법률, 그에 따른 학교, 식당, 극장, 버스 칸, 공중화장실, 음수대의 분리, 그리고 투표권 행사를 방해하며 다시 존재를 드러낸 새로운 KKK단의 폭력이었다. 완전한 평등과 민권을 인정받기까지 흑인 미국인들은 또다시 100년을 더 견뎌야 했다.

이 책을 쓰기 위해 실제로 KKK 집회에 참여했던 저자는 그들의 무기인 폭력과 두려움 그리고 다수의 '침묵'에 대해서 오래 고민하게 되었다고 한다. 전혀 다른 시대, 전혀 다른 공간을 살고 있는 우리에게도 매우 익숙한 메커니즘이다. 『하얀 폭력 검은 저항』을 통해 우리 시대의 폭력과 두려움, 그리고 다수의 침묵에 대해서 다시 생각해 보는 계기가 마련되었으면 한다.

찾아보기